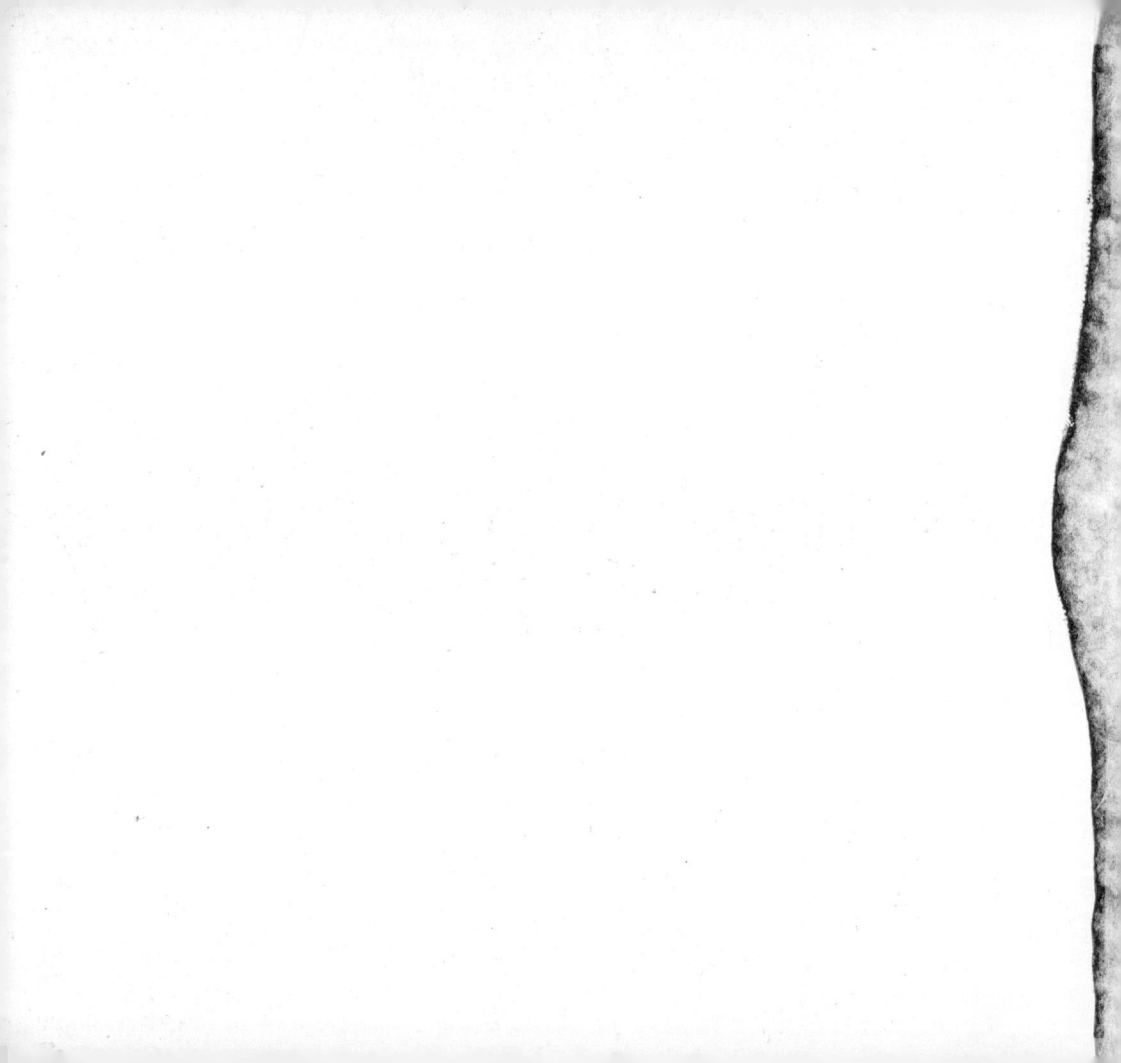

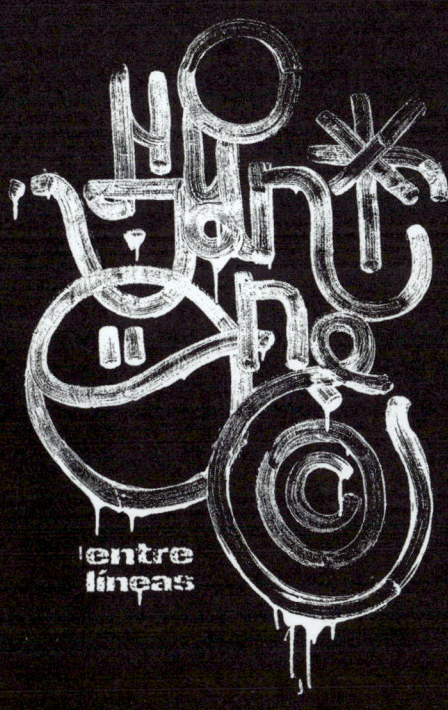

entre líneas

Edited by:

SAN. DY:001

Copyright of the works by San.
Copyright of this book and Die Young Collection by Belio Magazine S.L., 2007.

Edited by BELIO MAGAZINE S.L.
www.beliomagazine.com

All rights reserved. No part of this book may be reproduced or transmitted in any form or by any means, electronic or mechanical, including photocoping, without permission of the editor.

Concept and design by: GeeOhDee + San
www.geeohdee.com + www.eseaene.com

Printed by Roelma S.L.L. (Spain)
ISBN-13: 978-84-611-4753-3
Deposito Legal: M-47780-2007

DY:001:PROLOGUE:
EL FILO DE UNA HOJA DE PAPEL
THE EDGE OF A SHEET OF PAPER

Al escribir este prólogo, he pensado acerca del autor, acerca de mi relación con él y, especialmente, lo que su obra significa para mi. Pero, también de manera inevitable, he pensado en la idea de la colección Die Young. Y esto me lleva de manera directa a escribir este texto que sirviera de prólogo para los tres libros, ya que tanto San, como Btoy, como SatOne guardan entre ellos unos rasgos similares, que son los que quiero destacar. Aunque obviamente, luego entraremos en detalle, en cada libro, en el terreno propio de su autor, a partir de aquí "X".

El trabajo de X llegó a mis ojos por diferentes vías, antes de conocer en profundidad su trabajo tuve la suerte de toparme con sus trabajos en la calle, y en ocasiones cámara en mano, han quedado grabados en mi tarjeta de memoria... Quizás sea esta la característica que a primera vista más define los trabajo de X, su "urbanidad", o dicho de otra forma, son trabajos públicos ocultos en las calles de nuestras ciudades, el bien conocido arte urbano (graffiti, post-graffiti, street art, o...). El segundo encuentro con una de sus obras de manera casual, define claramente la segunda característica de su obra, su "personalidad", o digámoslo de otro modo... no tuve dudas en saber que esta obra era del mismo autor, fuera quien fuera, y reclamaba mi atención y después mi interés. Del primer contacto al enamoramiento propiamente dicho ya sólo hay unos pasos, el primero: "su nombre", conocer su nombre era vital para seguir buscando, y siempre hay un amigo conocido de por medio, o una foto suya en una web, o

While writing this prologue, I kept thinking about the author, my relation with him and especially about what his work means to me. But also, inevitably, I have thought about the idea of the collection Die Young. And this leads me in a direct way to writing this text that will work as prologue for three books, as San, equally as Btoy, and as SatOne share similar characteristics, and those I want to emphasize. Although obviously, later on we will enter each book in a more detailed way, the own land of its author. Let's call it "X".

The work of X reached my eyes by different routes, before knowing his work in a more profound way, I was lucky enough to encounter his works in the streets, and sometimes with a camera at hand, they have left engravings in my memory card... Perhaps the characteristic is this that at first sight X´s work is defined by its "urbanism", or said in another way, his both public but hidden works in the streets of our cities, the well known urban art (graffiti, post-graffiti, street art, or...). The second occasional encounter with one of his works, clearly defines the second characteristic of his work, its "personality", or let's say it differently... I never had any doubts about knowing that this work was by the same author, whoever it was, that demanded my attention first and later my interest. They say that from the first contact until the falling in love itself are only a few steps, the first: "his name". Knowing his name was vital to continue searching, and there is always a friend you have in common, or a photo of his on a website, or a review in some

una reseña en algún libro o revista a pie de una ilustración de indudables rasgos. Tras esta identificación y gracias al trabajo en Belio Magazine, en deciBelio Festival, en diferentes eventos o exposiciones, he tenido la oportunidad de invitar y conocer mas de cerca a X.

Y como todo enamoramiento, este viene seguido de una adicción, y ante tal adicción, los amantes del papel, entre los que me cuento, nos imaginamos con un libro en nuestras manos que recopile los trabajos de X, para degustarlos con calma una y otra vez, y detenernos en todos los detalles, descifrar su contenido, su significado, y ¿por qué no? también aprender. Pero esto de lo que hablamos aquí no son "clásicos" del arte, ni siquiera "clásicos" del arte urbano. Y es aquí donde nace "Die Young", con la humilde idea de inmortalizar unos trozos de pared, papel, pixels o cualquier material que sirven de base para que X merezca tener ya publicado su propio libro. Algo que para todo artista, ilustrador, diseñador o escritor parece un alto podium, no es más que un escalón, y en el caso de X pensamos sinceramente que va a ser de esos que marquen e inspiren a próximas generaciones, apoyar estas ideas, animar a X a seguir con el camino que tan bien tiene trazado su obra, es lo mismo que dar alas y empujones (si es necesario) a los siguientes.

Para nosotros es un orgullo el publicar este, su primer libro, y nos emociona tanto, que nos hace llegar a sentir su obra como algo cercano y lleno de ilusión. Y esperamos que los demás lo disfrutéis tanto como yo, como nosotros.

AHORA DIGAMOS QUE X ES SAN

Y digamos que San es una persona humilde, directa y sencilla, ante mis ojos, pero que cuando se pone tras un spray, un lápiz o un rotulador, pierde su sencillez en favor de formas abigarradas, trazos de distintas intensidades, texturas creadas a base de líneas, técnicas a la hora de manejar las herramientas que él mismo llama "truquillos" con la mayor naturalidad, pero que son verdaderas demostraciones de originalidad e innovación en

book or magazine placed under an illustration of doubtless characteristics. After this identification and thanks to the work in Belio Magazine, in deciBelio Festival, different events or exhibitions, I have had the opportunity to invite and to get to know X a bit better.

And like every falling in love, this gets followed by an addiction, and before such addiction, the lovers of paper, to which I count myself, we imagine ourselfes with a book in our hands that compiles the works of X, to enjoy them calmly again and again, to get lost inside all the details, to decipher its content, its meaning, and why not? also to learn. But it's not the "classics" of art we are talking about, not even "classics" of urban art. And it is here where "Die Young" was born, with the humble idea to immortalize pieces of wall, paper, pixels or any material that serves as a base for X to publish his own book. Something that seems like a high podium for every artist, illustrator, designer or writer, is in fact nothing more than another step though, and in the case of X we sincerely think that he is going to be one of those who mark and inspire next generations, to support these ideas, to animate to X to follow the way in which he has already defined his work so well, is just like giving wings and pushes (if it is necessary) to the following ones.

We are really proud of being the ones to publish his first book, and it moves us so much, that it even makes feel his work like something near and full of sentiments. And we hope that all of you enjoy it as much as I do, as much as we do.

NOW LET'S SAY THAT X IS SAN

And let's say that San is a humble person, direct and simple in front of my eyes, but when he gets his hands on a spray-can, a pen or a pencil, he loses his simplicity to distorted forms, outlines of different thickness, textures created out of lines, techniques with the aim to handle the tools that he himself calls "tricks" with the most naturalness, but which rather are true demonstrations of originality and innovation of how to handle a simple

cómo manejar un simple objeto que tantos otros han cogido antes, lo que le permite complicar y enriquecer sus imágenes hasta puntos surrealistas, donde un realismo casi social se ve doblado una y otra vez y otra vez hasta puntos en los que la realidad como referente ha perdido su lugar en la composición y lo único que nos importa es la trama que ha creado San, donde nos ha llevado... Y este es su propio mundo, es aquí donde lo directo de su persona se nos revela como una apariencia casi carnavalesca, donde el significado y sentido de su obra se hace más y más complicado a cada paso, se esconde tras capas de pintura acrílica y spray, todo parece ser que con el tiempo va ganando en complejidad conceptual... Y quizás sea paradójico, pero muchas de estas historias que nos cuenta son de lo más clásico en el arte, y nos demuestra la pauta de que a veces lo aparentemente más sencillo es el mejor camino para desarrollar las ideas que poco a poco nos enseñan su personalidad, su mundo interior, un mundo 100% orgánico, rugoso, lleno de texturas vegetales, animales y sobre todo humanas, algo que para muchos la sociedad a convertido en tema tabú, el ser humano, es para San una gran fuente de inspiración, desde su capa más superficial, la física, muchos de sus trabajos parecen retorcidos estudios anatómicos, con especial fijación sobre las manos, aquellas que nos alejan al hombre del animal, aquellas que nos permiten desarrollar innumerables pericias y fastidios parecen ser para este hombre como lenguas para un poeta, como ojos para un fotógrafo, como oídos para un músico, un mundo gestual lleno de vida como un universo. Pero San no se detiene aquí como muchos otros artistas, llenos de técnica con gran ojo analítico y poco mobiliario en último piso a pie de columna vertebral, lo humano de sus obras va también directo a aquello que nos hace mezquinos, ridículos, graciosos, únicos e interesantes... Y es que sus personajes están llenos de vida interior, y también de alma, que se exteriorizan a través de increíbles gestos, muecas y guiños, los habitantes de sus obras, murales e ilustraciones son buenos y malos, son como payasos de circo que ríen por fuera y lloran por dentro, son como la realidad misma sin máscara, ni maquillaje... y quizás sea este el secreto de

object so many others have used before, which allows him to complicate and to enrich his images until he reaches certain surrealism points, where an almost social realism sees itself deformed again and again until the moment when reality as a reference has lots its place in the composition and the only thing that matters to us is the plot San has created, where he has taken us to... And this is his own world, and this is here where the direct way of his personality reveals itself like an almost carnival appearance to us, where the meaning and sense of his work become more and more complicated through each step, they hide behind layers of acrylic paint and spray, the concept seems to be gaining complexion through time... And perhaps it's a paradox, but many of these stories he tells us are those of the most classic of art, and he demonstrates the guideline to that sometimes the apparently simplest thing is the best way to develop the ideas that little by little show us his personality, his inner world, 100% organic, rough, full of textures, plants, animals and, most of all, humans, something that according to many, society has seemed to having turned into a taboo, the human being, is a great source of inspiration for San, from its most superficial layer, the physical appearance, many of his works seem like distorted anatomical studies, with a special fixation on the hands, those that separate us from the animals, those that allow us to develop innumerable skills and annoyances that, for this man, seem to be like tongues for a poet, like eyes for a photographer, like ears for a musician, a full world of life like a whole universe. But San does not stop here like many other artists, full of technique with precise analytical eyes and really few furnitures on the last floor of their vertebral column, the humanity of his works also goes directly to what makes us stingy, ridiculous, funny, unique and interesting... And it's just that his characters are full of inner life, and also full of soul, that expresses through incredible gestures, faces and winks, the inhabitants of his works, murals and illustrations are good and bad, they are like circus-clowns that laugh on the outside and cry on the inside, they are just like pure reality without mask or makeup... And maybe this is the secret of San,

San, que utiliza todas esas capas de maquillaje de nuestra sociedad para crear sus pinturas. He aquí el porqué del gran realismo en su magnífica representación de la divina comedia que es nuestro mundo. Y ante todo esto, me queda la duda de poner en entredicho la humildad que he señalado antes, me da la impresión de que San se siente como un dios en pie de guerra, disfrutando del espectáculo y gobernando sobre deformes manchas de color que se transforman en sus peones y bufones, claro está, en su mundo... Que dista bastante de donde viven los mortales.

Y VOLVIENDO...

a la X, quizás la característica que más quiera destacar de San, Btoy y SatOne es precisamente el lado humano que cada uno de ellos me han enseñado, tanto Daniel, como Ilia+Andrea, como Rafael (respectivamente), han compartido largas conversaciones, ideas, gustos, anécdotas, etc... Antes y durante la creación de estos libros, bien en la mesa de una agradable cena, o en la habitación de un hotel a altas horas de la noche, o tomando un té en un acogedor café, o por e.mail... Todo un regalo. Desde Belio y Die Young toda nuestra admiración y agradecimiento.

En nombre de Belio Magazine: **Pablo IA.**

that he uses all those layers of makeup from our society to create his paintings. Here we have the reason of the great realism of this magnificent representation of the divine comedy that is our world. And in front of all this, I remain the doubt to ask myself about the humbleness that I have mentioned before, i have the sensation that San feels like a god in revolution, enjoying the spectacle and reigning on deformed color splashes that transform itselves into his pawns and jokers, of course, in his world... That it's enough far away where the mortals live.

AND TO RETURN...

to the X, the characteristic that I want to emphasize the most of San, Btoy and SatOne is indeed the human side that each one of them has shown me, with Daniel as much as with Ilia+Andrea, as much as with Rafael (respectively), i have shared long conversations, ideas, tastes, anecdotes, etc...Before and during the creation of these books, or at the table of a pleasant dinner, or in the room of a hotel until late at night, or having a tea in a cosy coffee, or by e.mail... A whole gift. From Belio and Die Young all our admiration and gratefulness.

In the name of Belio Magazine: **Pablo IA.**

"A pesar de todo, lo importante no es la perfección de la forma; sino mostrar en ésta el espíritu de las cosas".

Daniel Muñoz Rodríguez

"In spite of everything, the important thing isn't the perfection of the form; but to show in this one the spirit of the things".

Daniel Muñoz Rodríguez

LIBRETAS

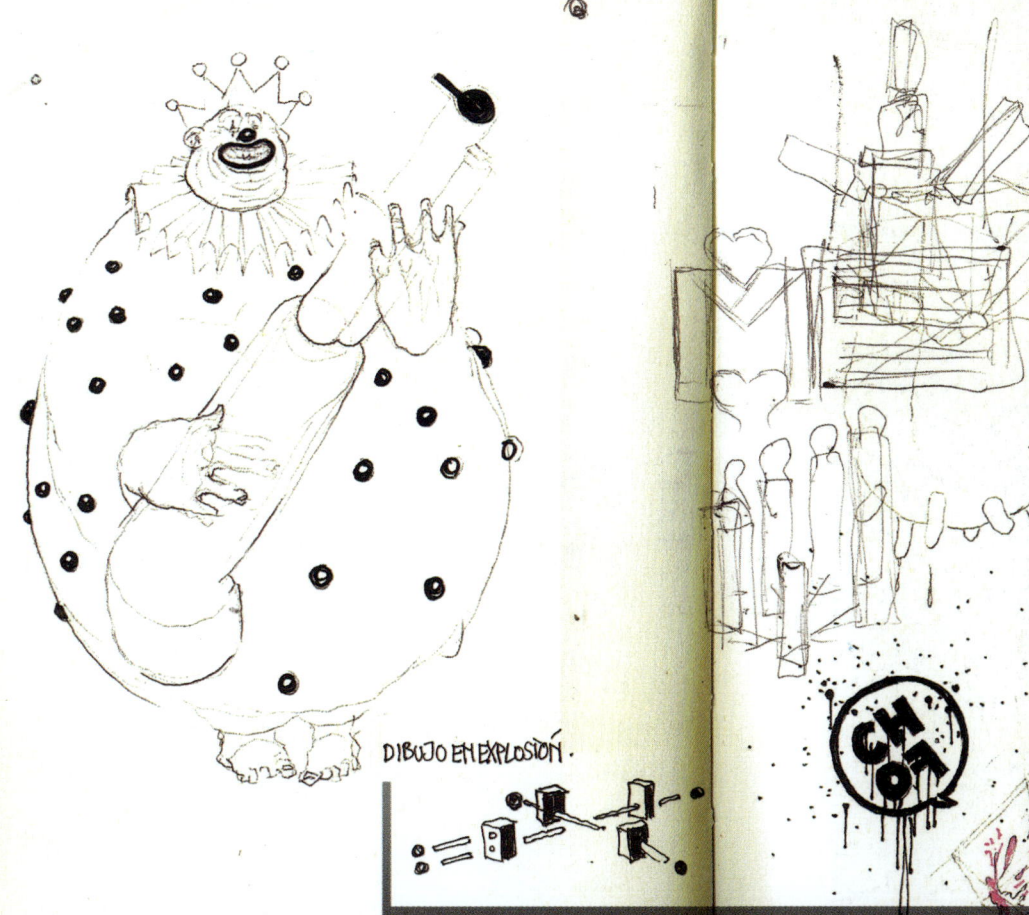

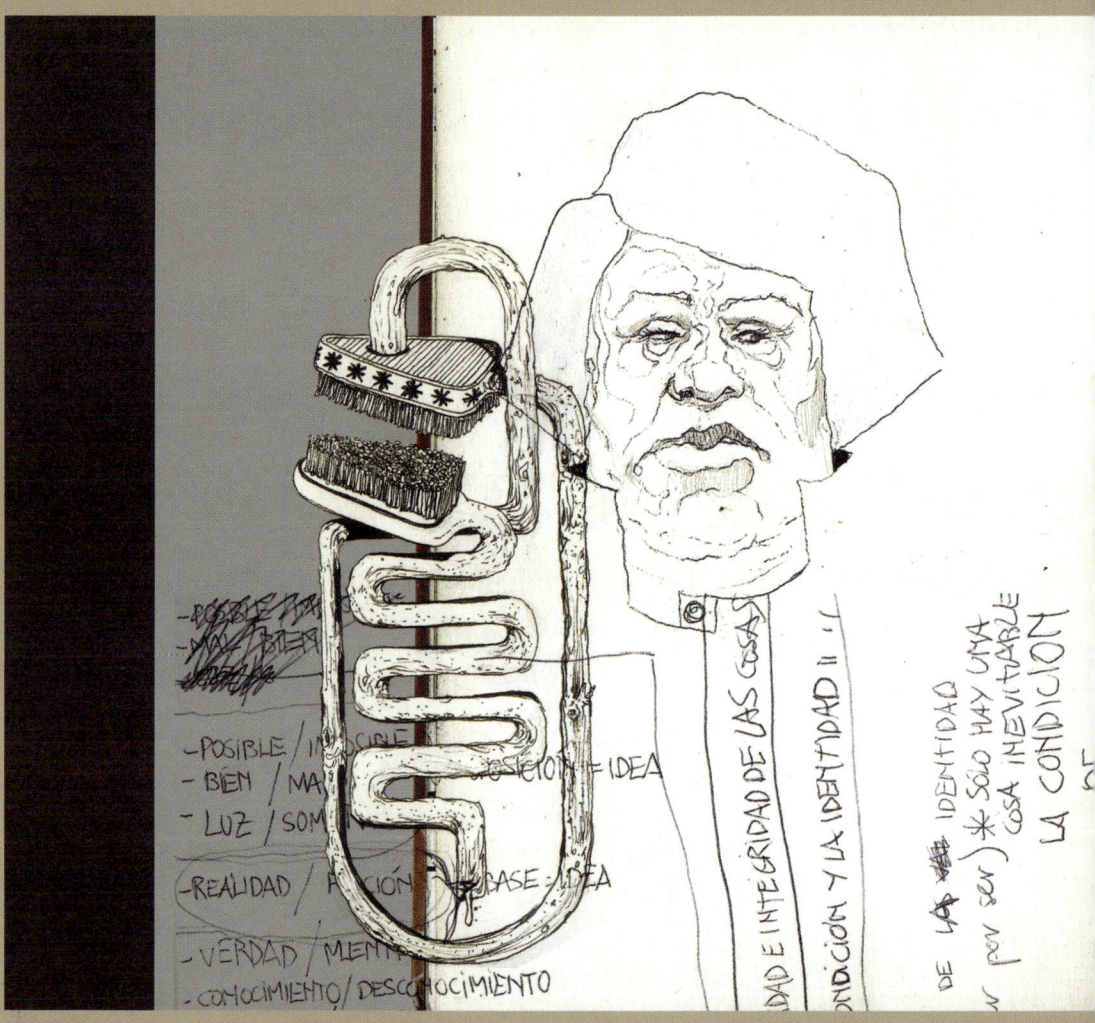

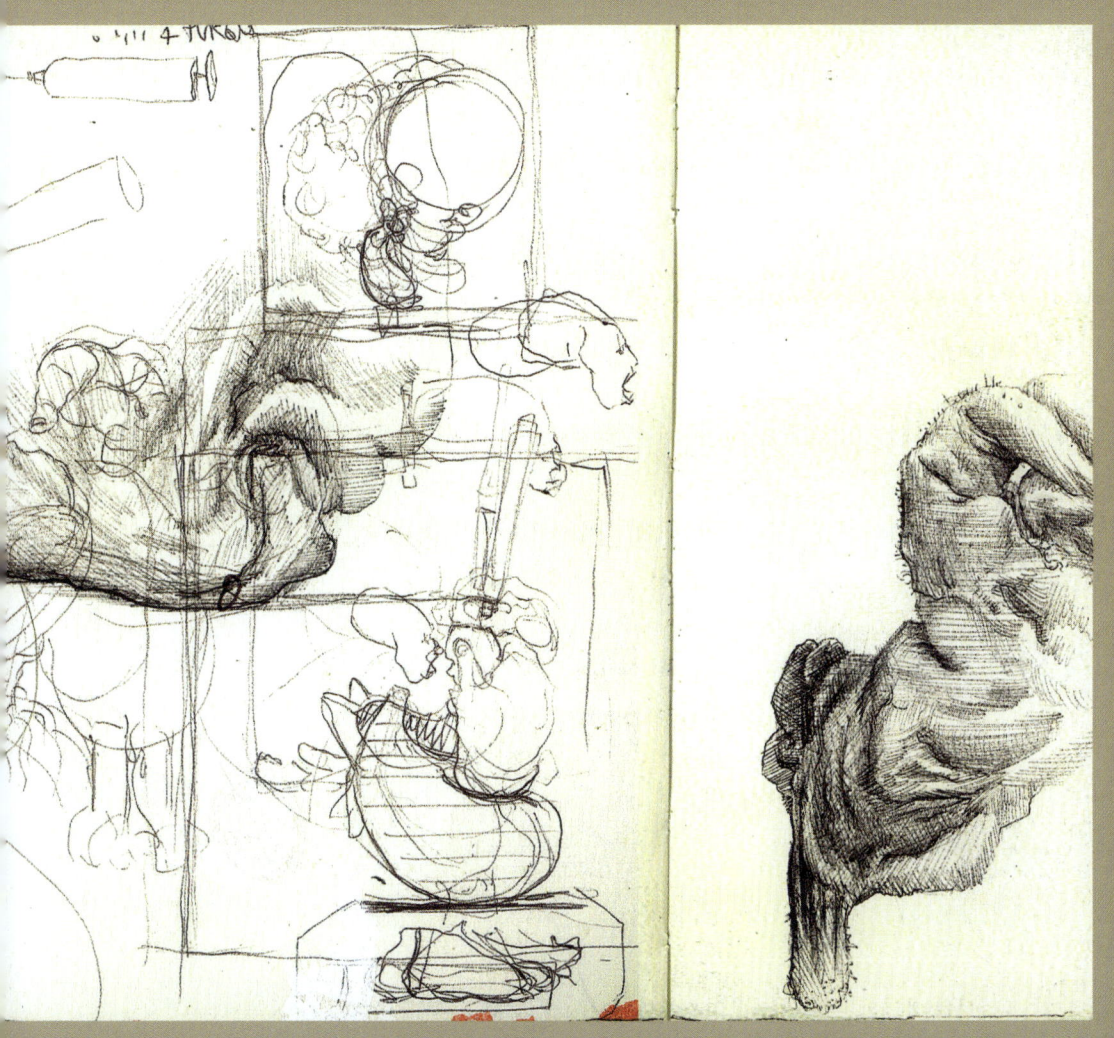

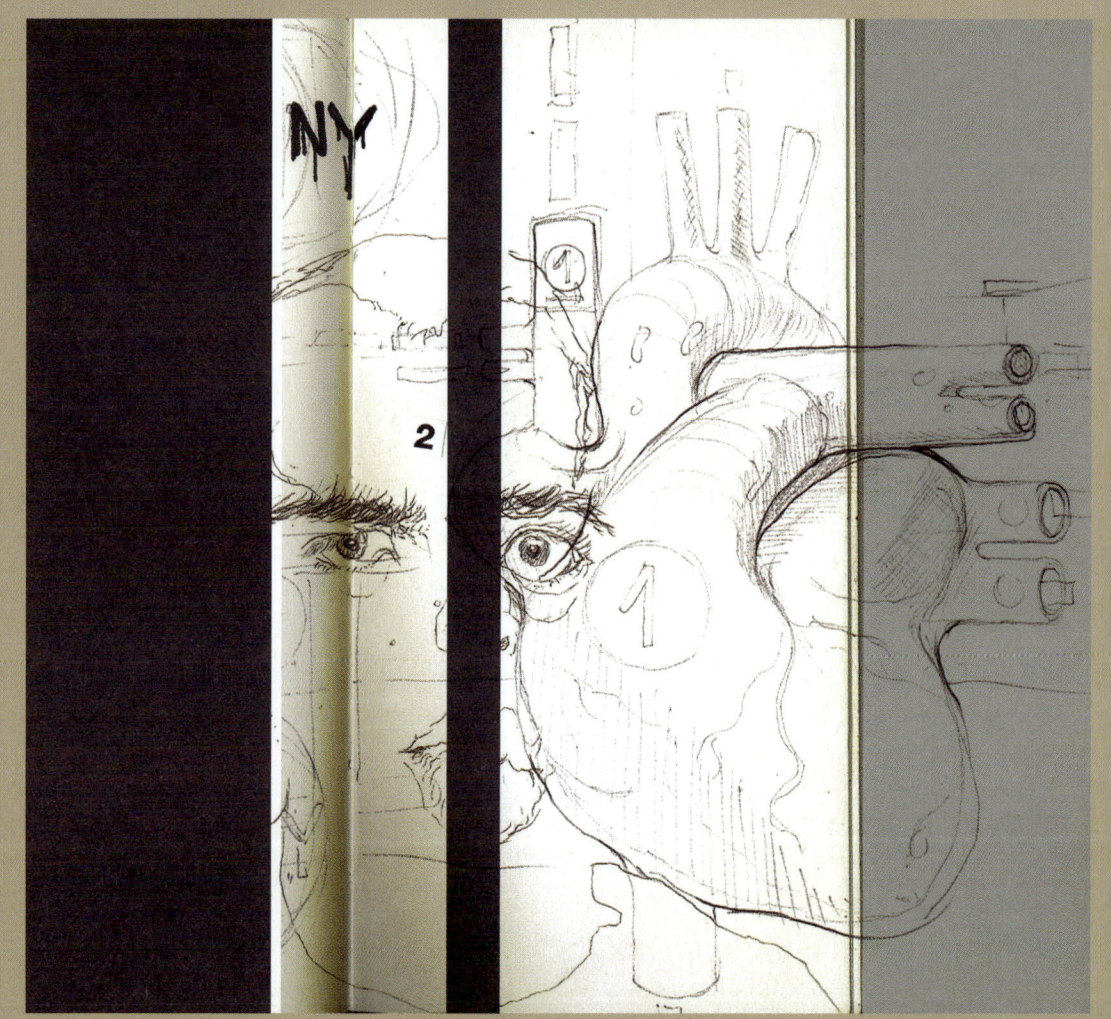

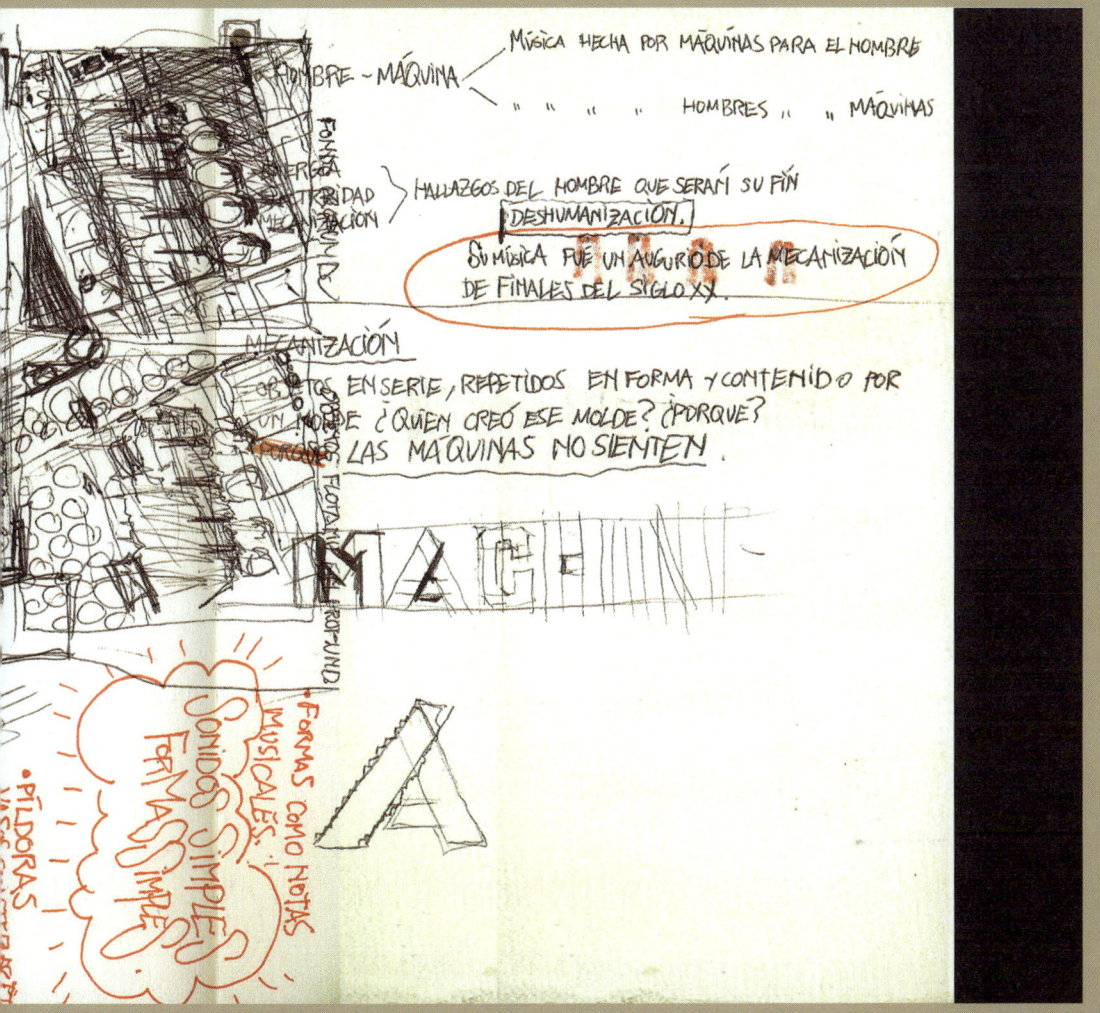

ILUSTRACIÓN

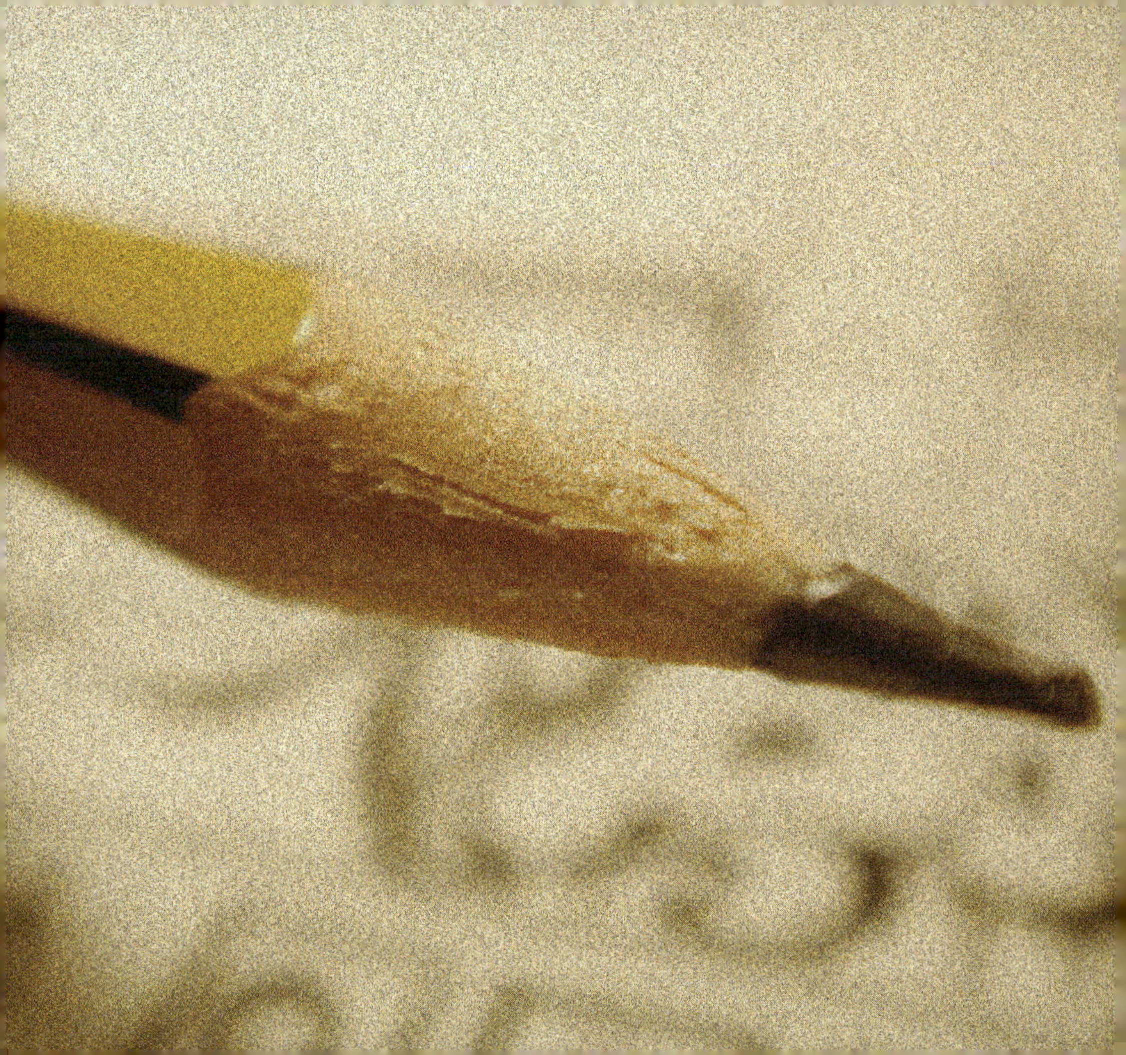

Caos
2006 20 x 30 cm. Tinta sobre papel.

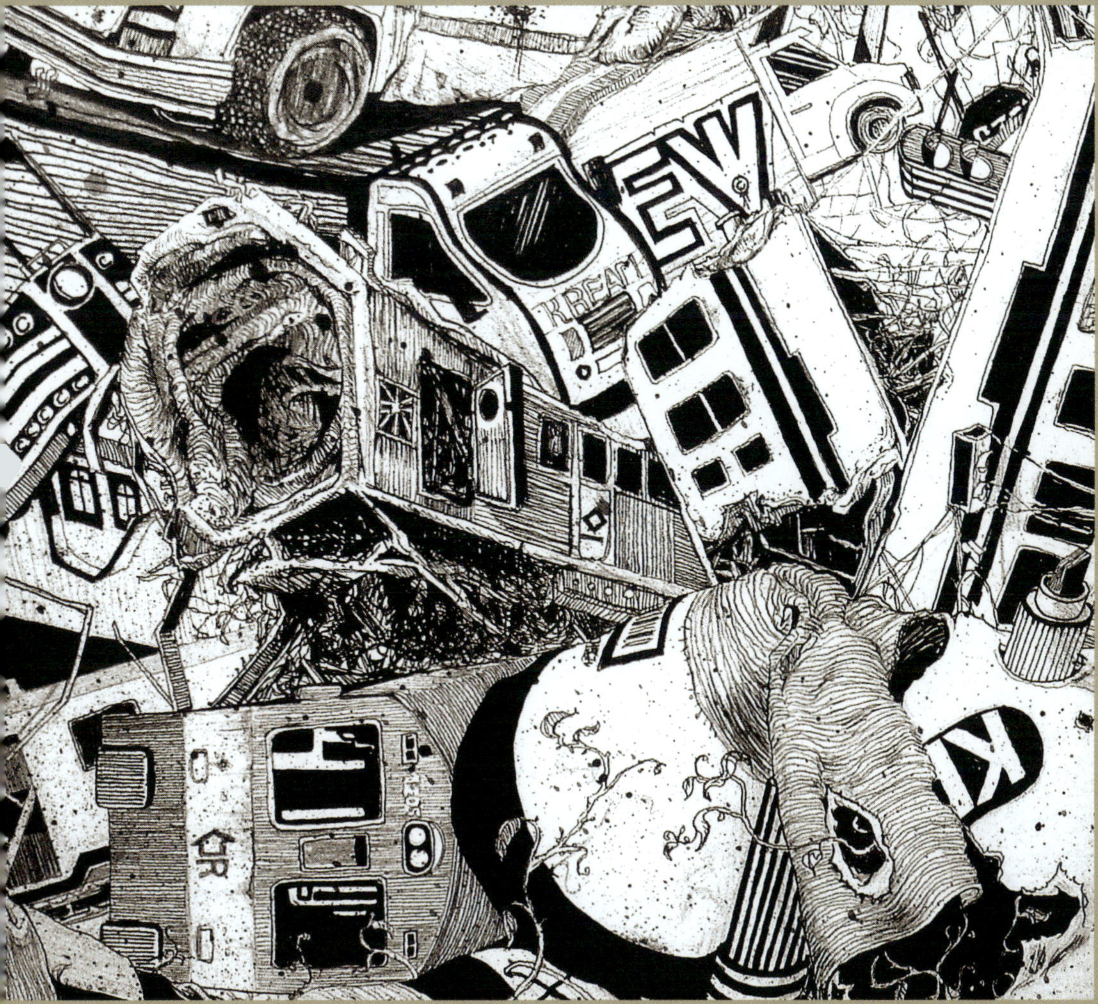

Evolución.
2006 Tinta sobre papel.

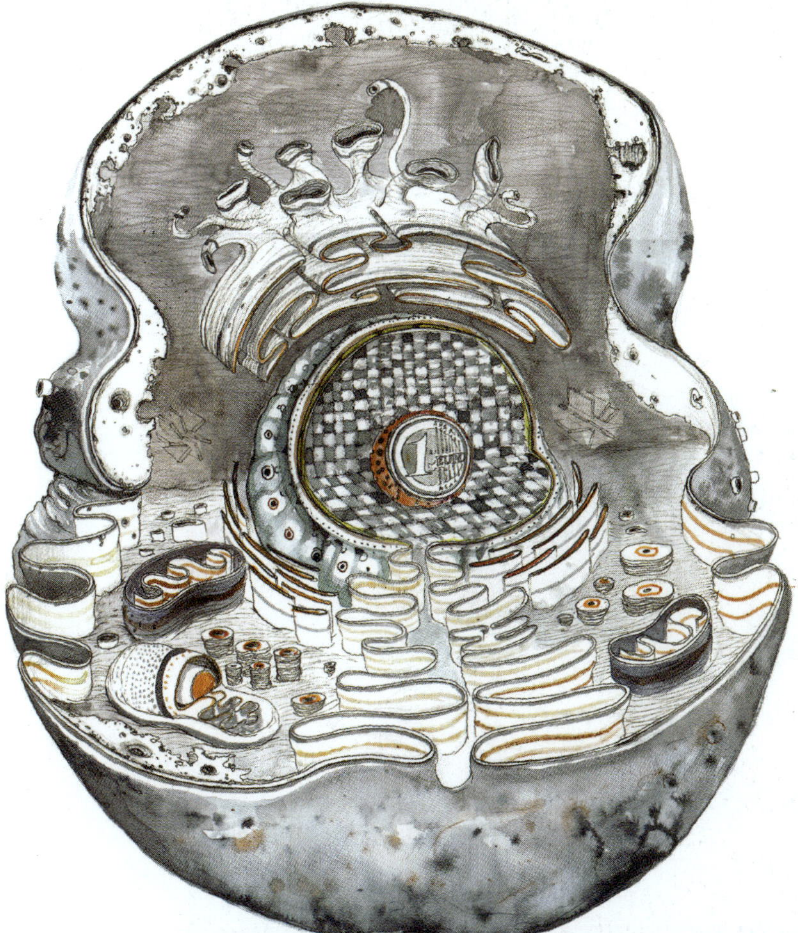
1
EURO

Eurolución.
2006 Tinta sobre papel.

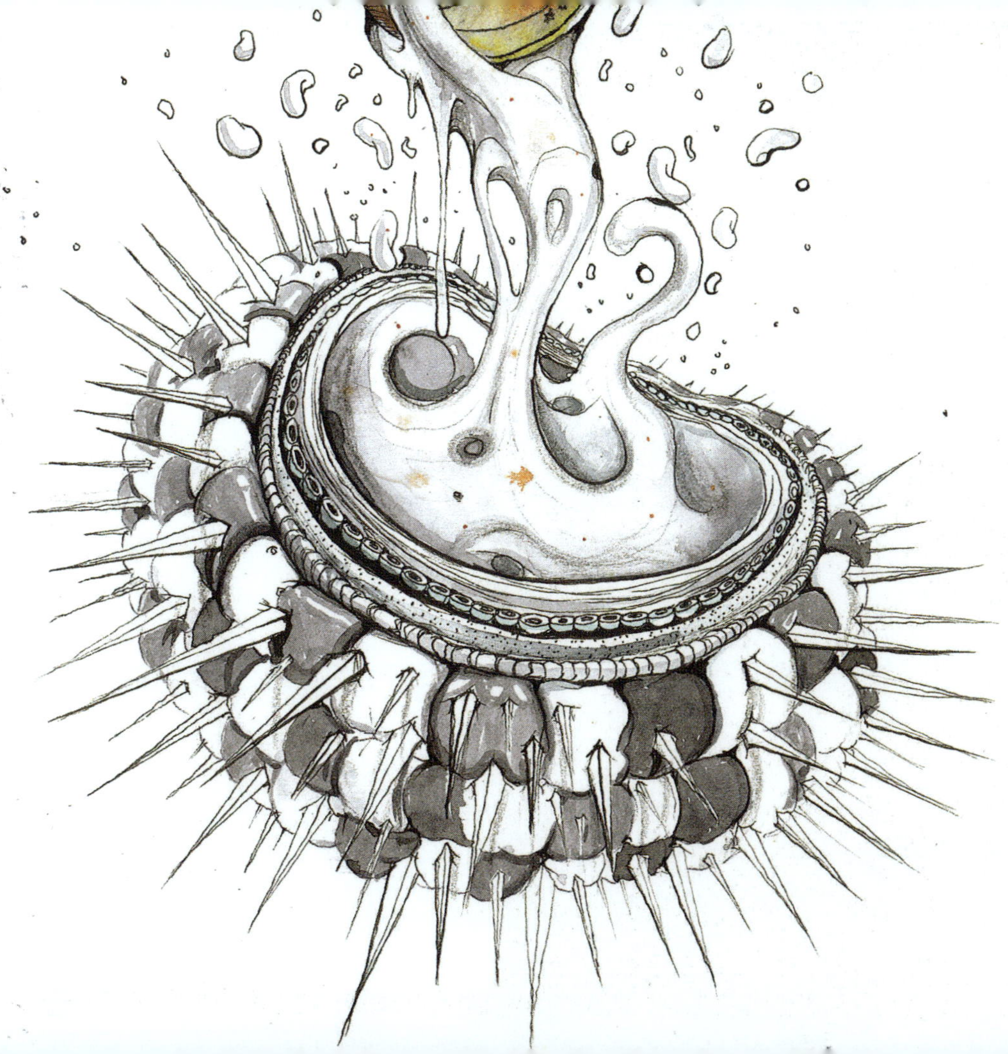

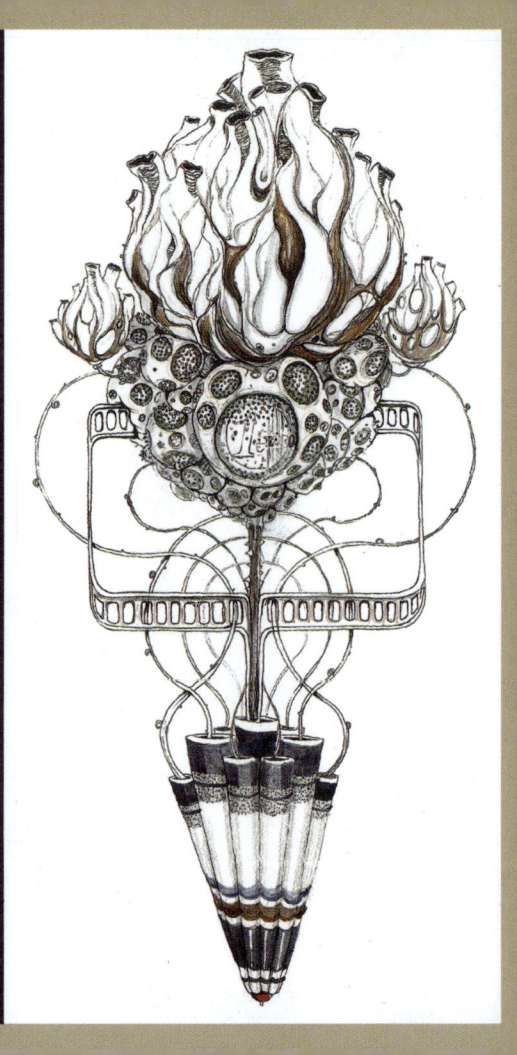

Eurolución.
2006 Tinta sobre papel.

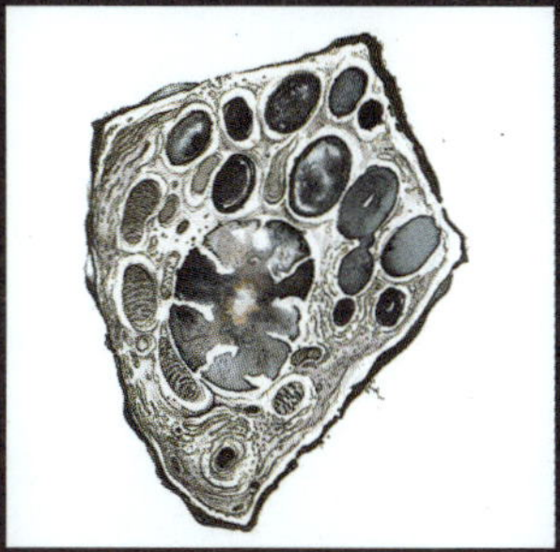
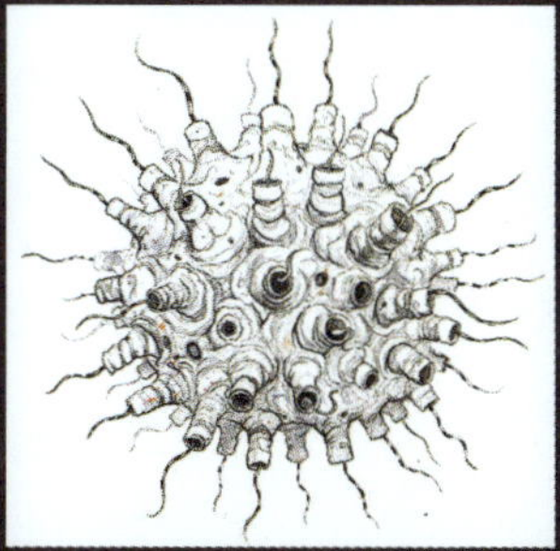
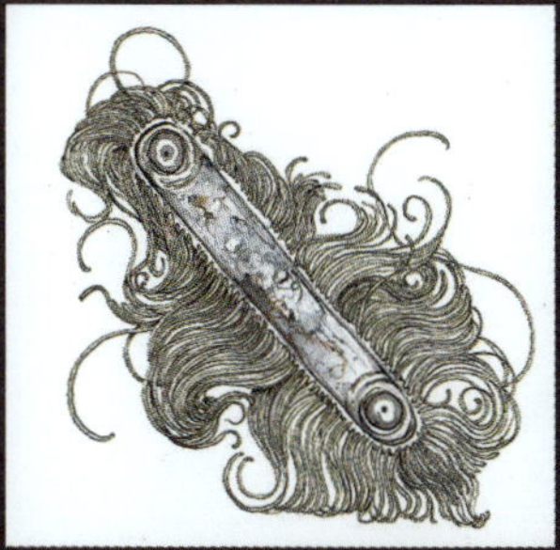
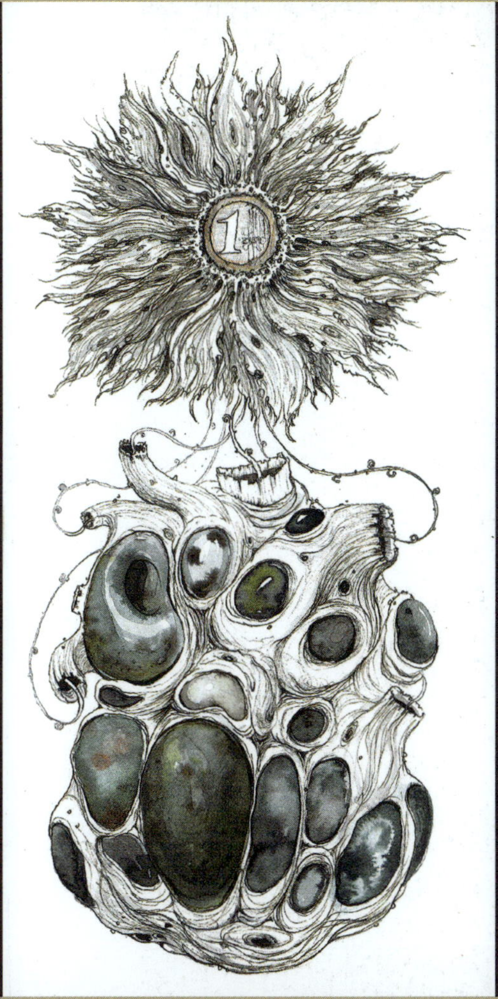

Eurolución.
2006 Tinta sobre papel.

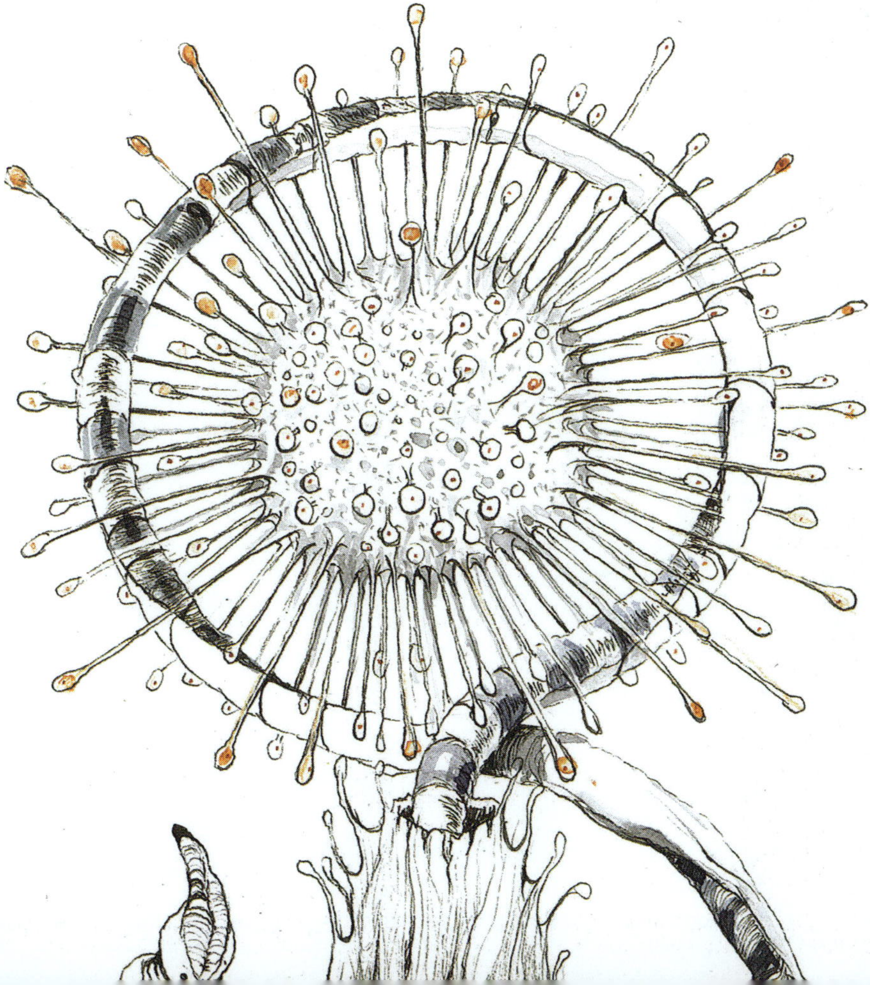

Evolución.
2006 Tinta sobre papel.

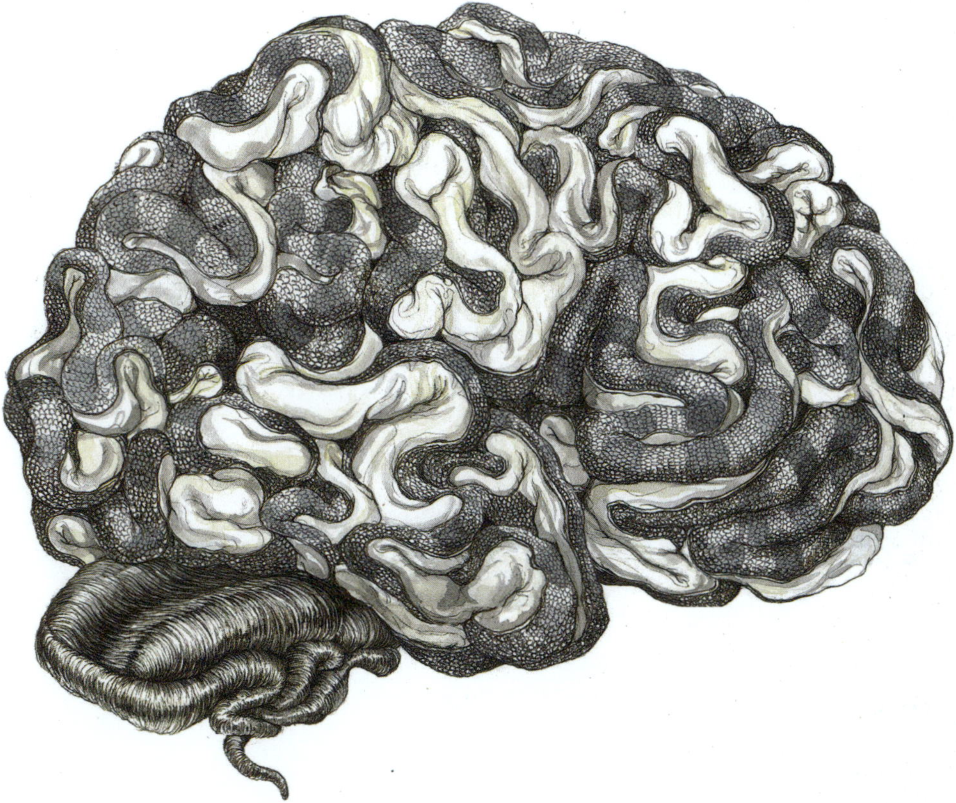

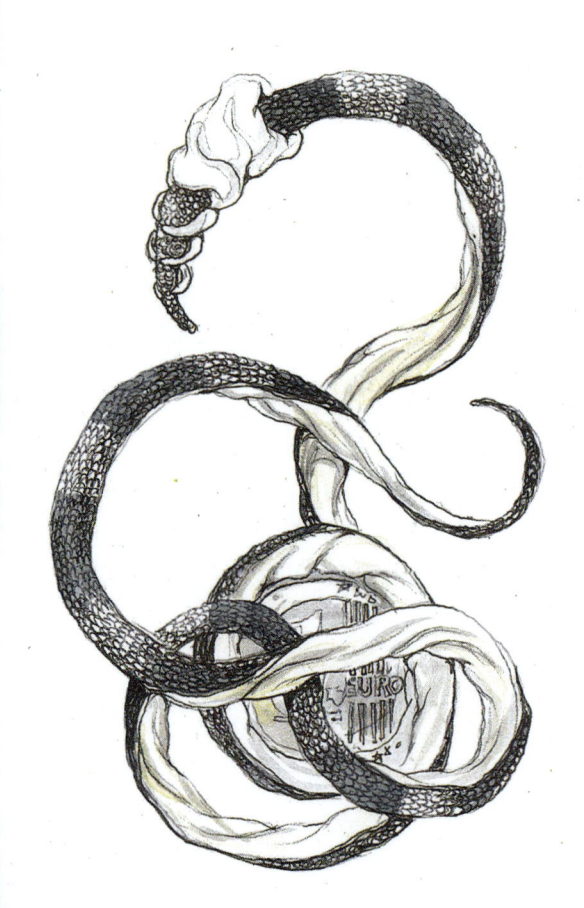

Eurolución.
2006 Tinta sobre papel.

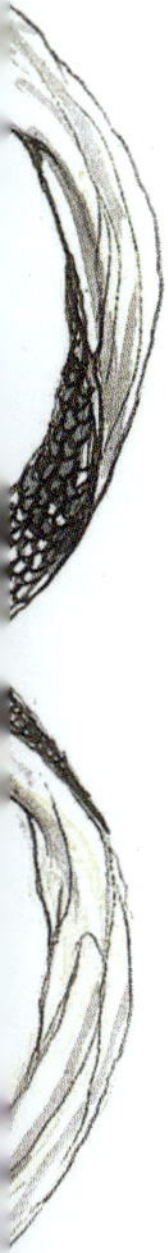

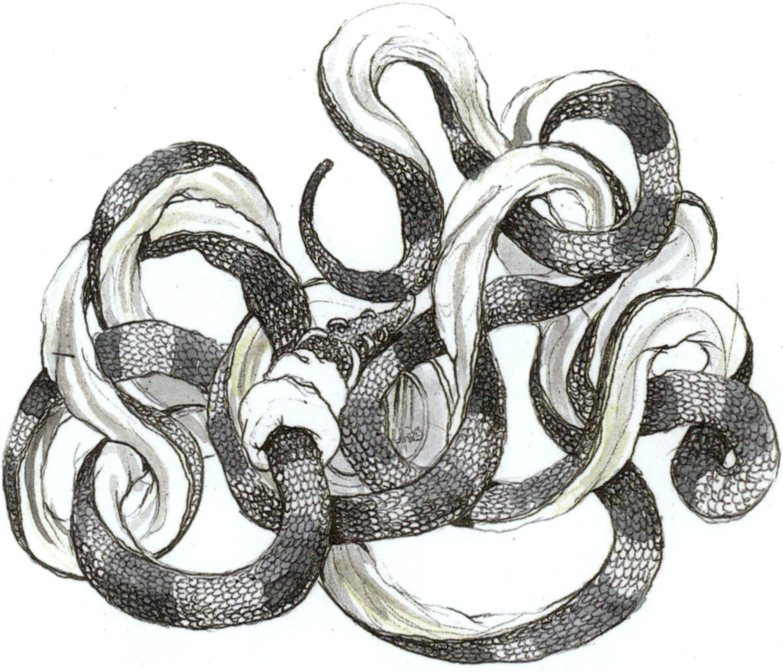

Evolución.
2006 Tinta sobre papel.

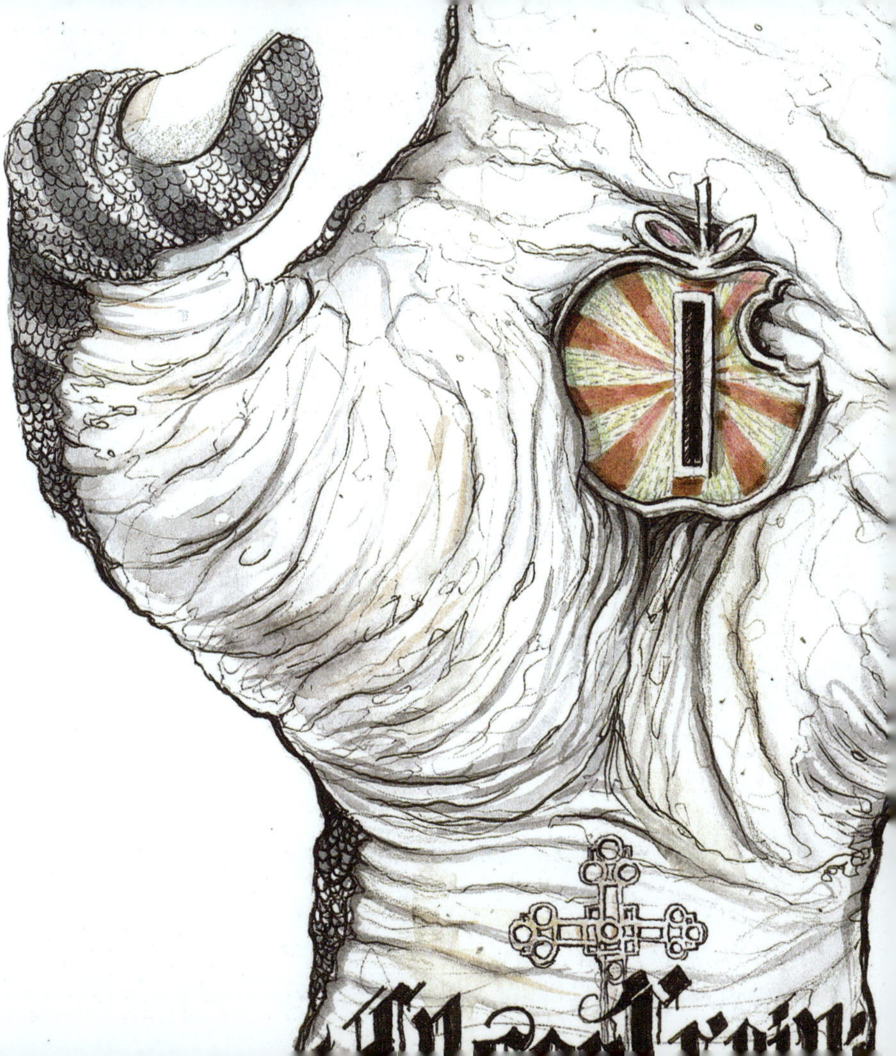

131.
2005 21 x 29 cm. Tinta sobre papel.

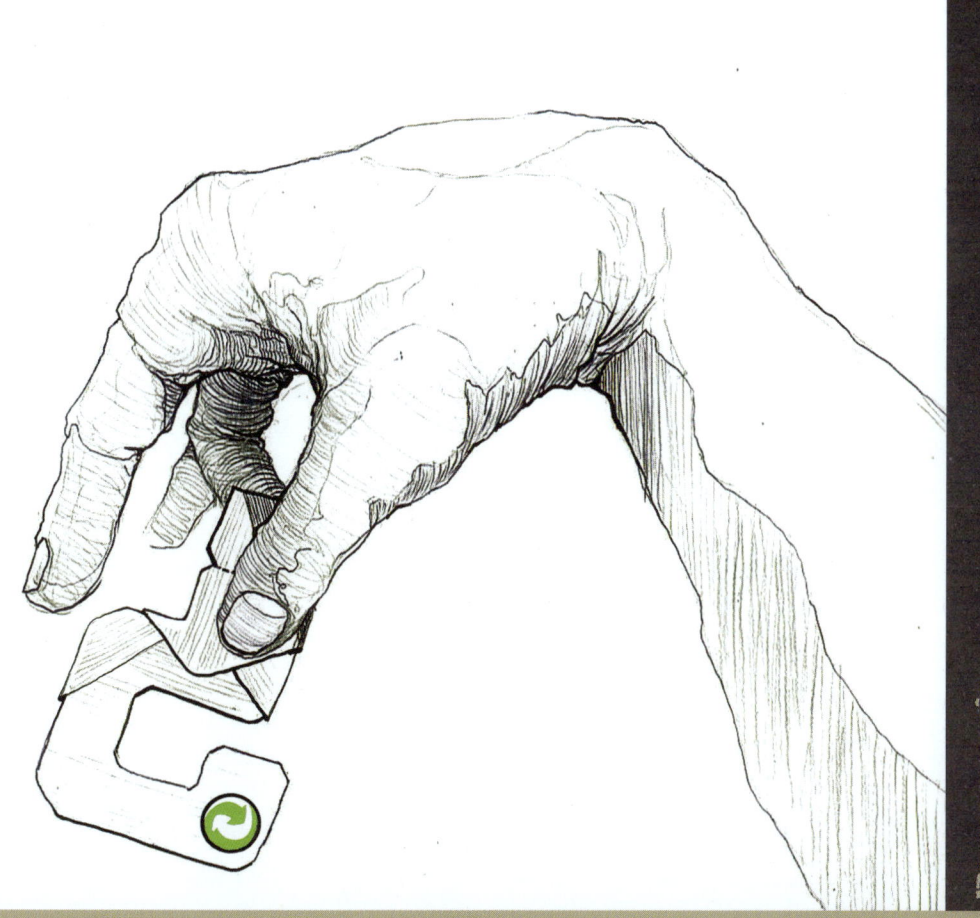

Democracia. 2005 21 x 29 cm. Tinta sobre papel.

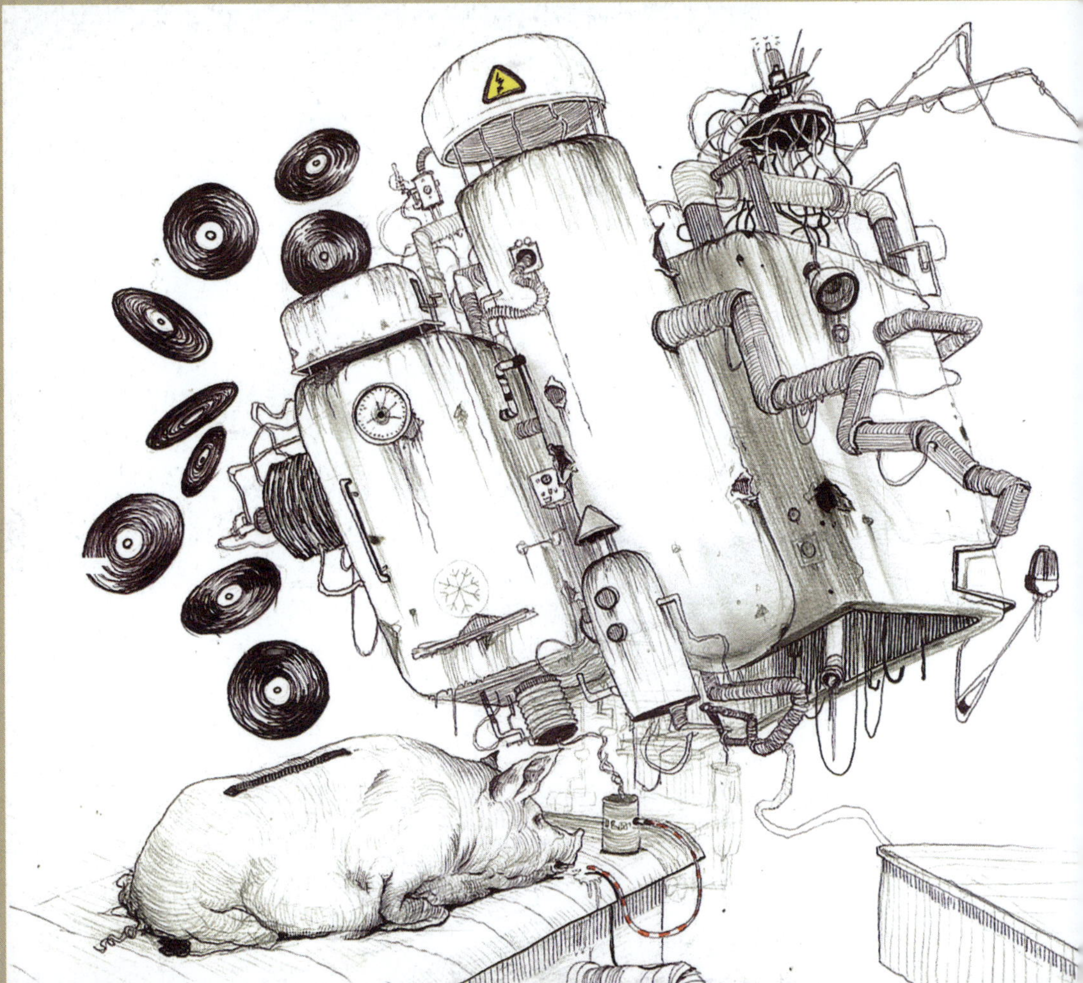

Oxido.
2005 21 x 29 cm. Tinta sobre papel.

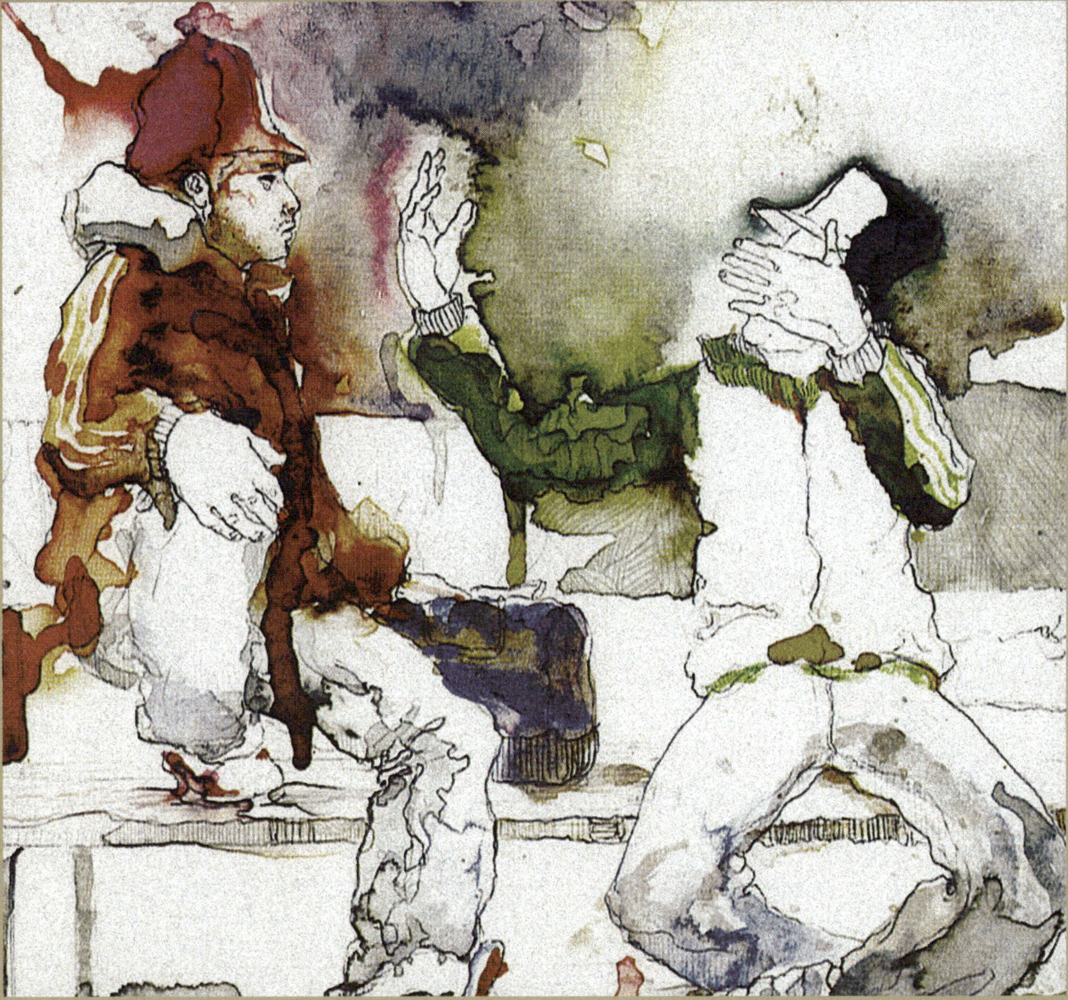

Sin título.
2005 21 x 29 cm. Tinta sobre papel.

Brasília.
2005 21 x 29 cm. Tinta sobre papel.

Power, Peace and Love.
2005 21 x 29 cm. Tinta sobre papel.

Romeo.
2006 42 x 29 cm. Tinta sobre papel.

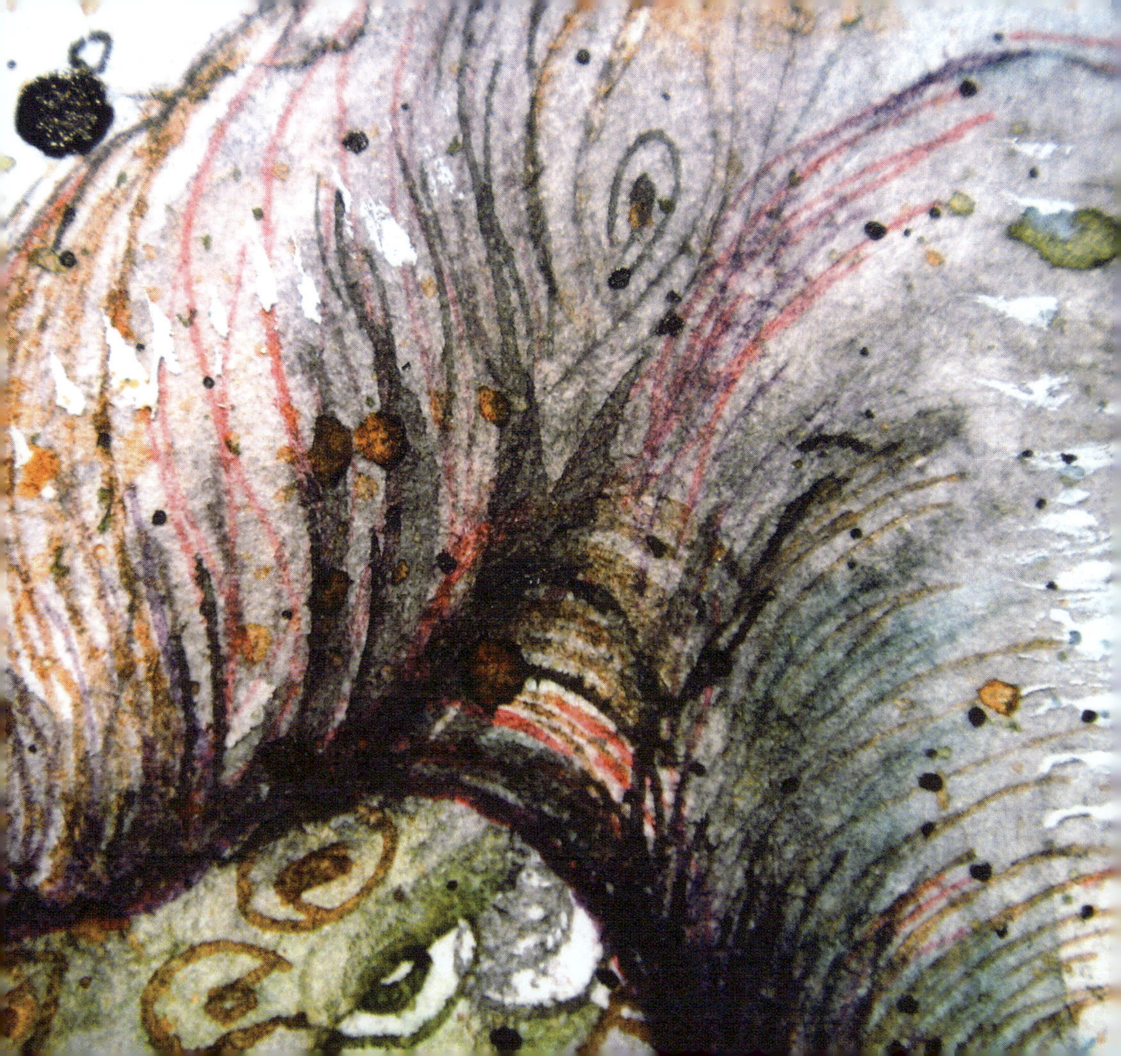

Suïcida.
2006 42 x 29 cm. Tinta sobre papel.

Principito.
2006 42 x 29 cm. Tinta sobre papel.

Rey.
2006 42 x 29 cm. Tinta sobre papel.

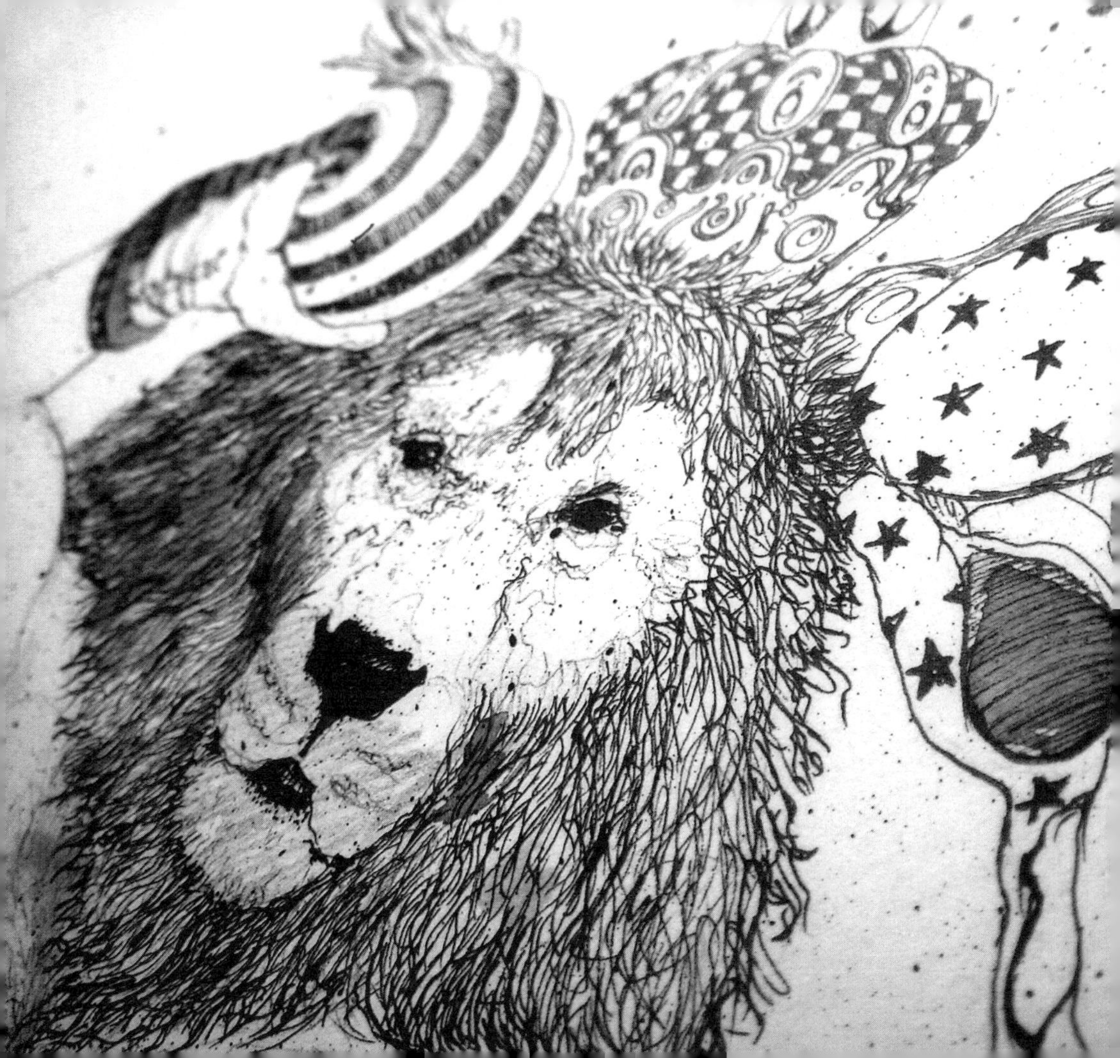

Princesita.
2006 42 x 29 cm. Tinta sobre papel.

Predicador.
2006 42 x 29 cm. Tinta sobre papel.

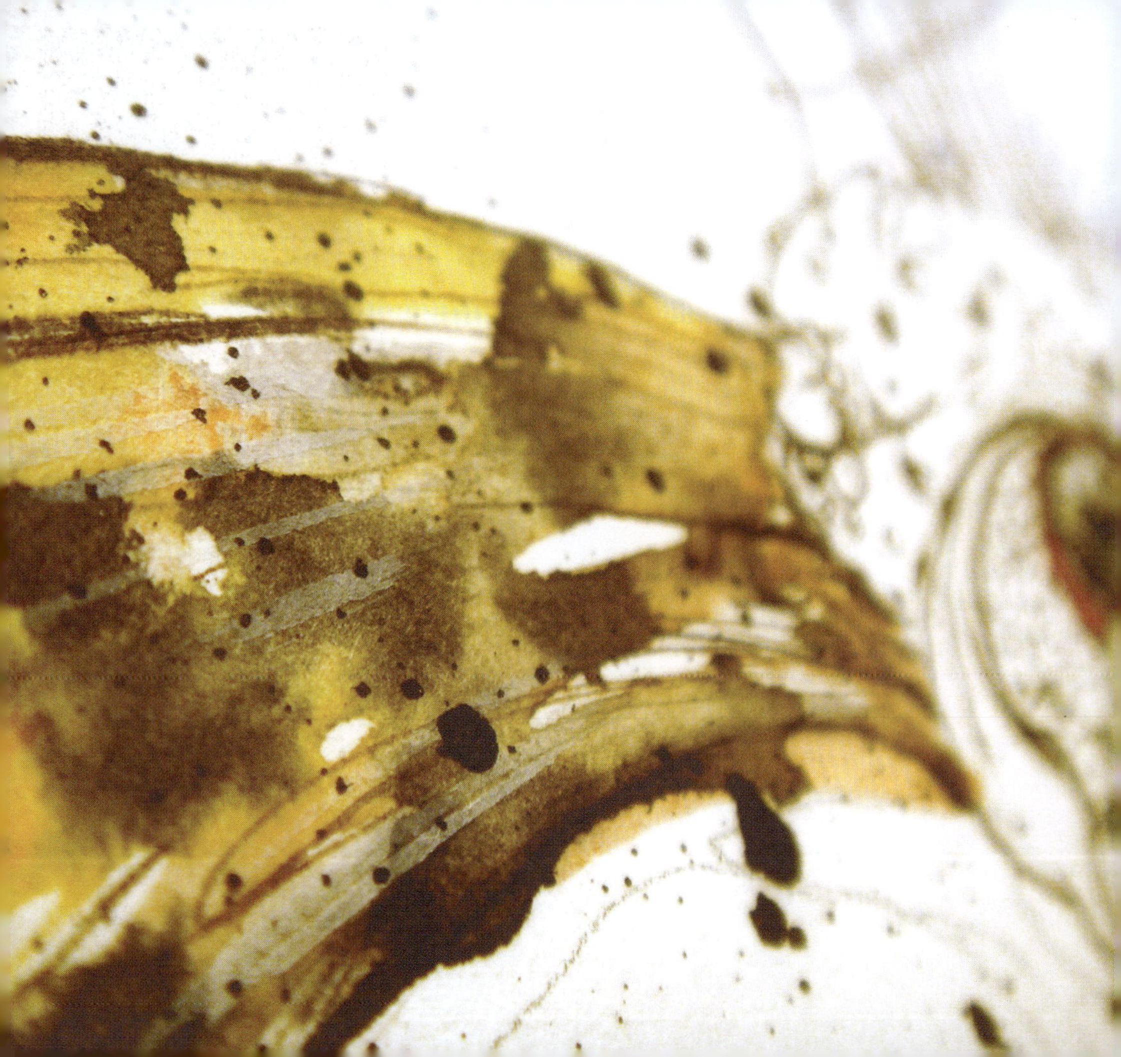

Lince. 2006. 42 x 29 cm. Tinta sobre papel.

Héroes.
2006 42 x 29 cm. Tinta sobre papel.

Jaulas. 2006. 42 x 29 cm. Tinta sobre papel.

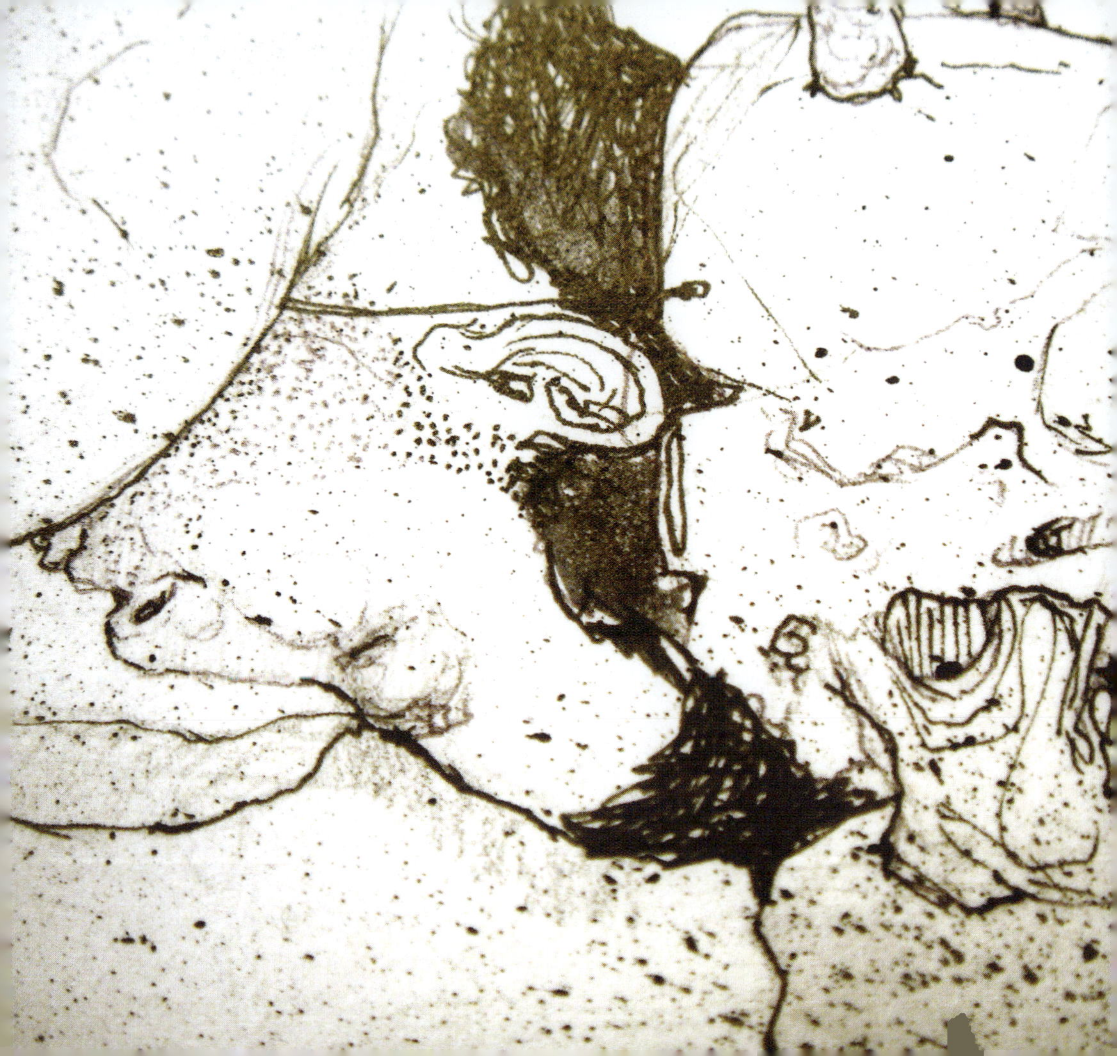

Caracol.
2006 42 x 29 cm. Tinta sobre papel.

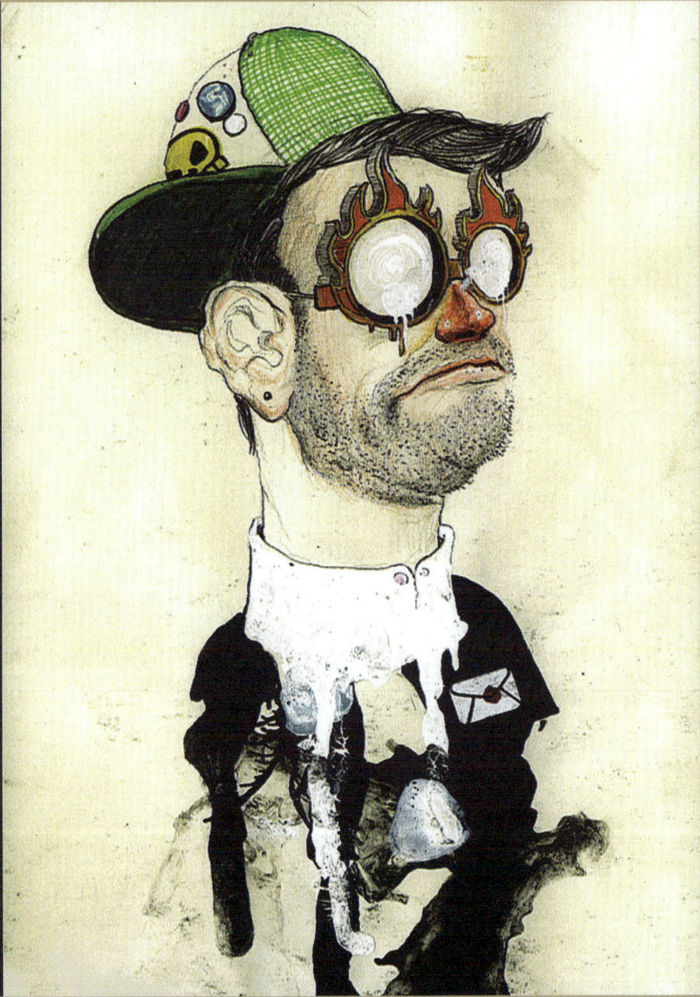

Person.
2006 21 x 29 cm. Técnica mixta sobre papel.

B.boy 1.
2006 21 x 29 cm. Tinta sobre papel.

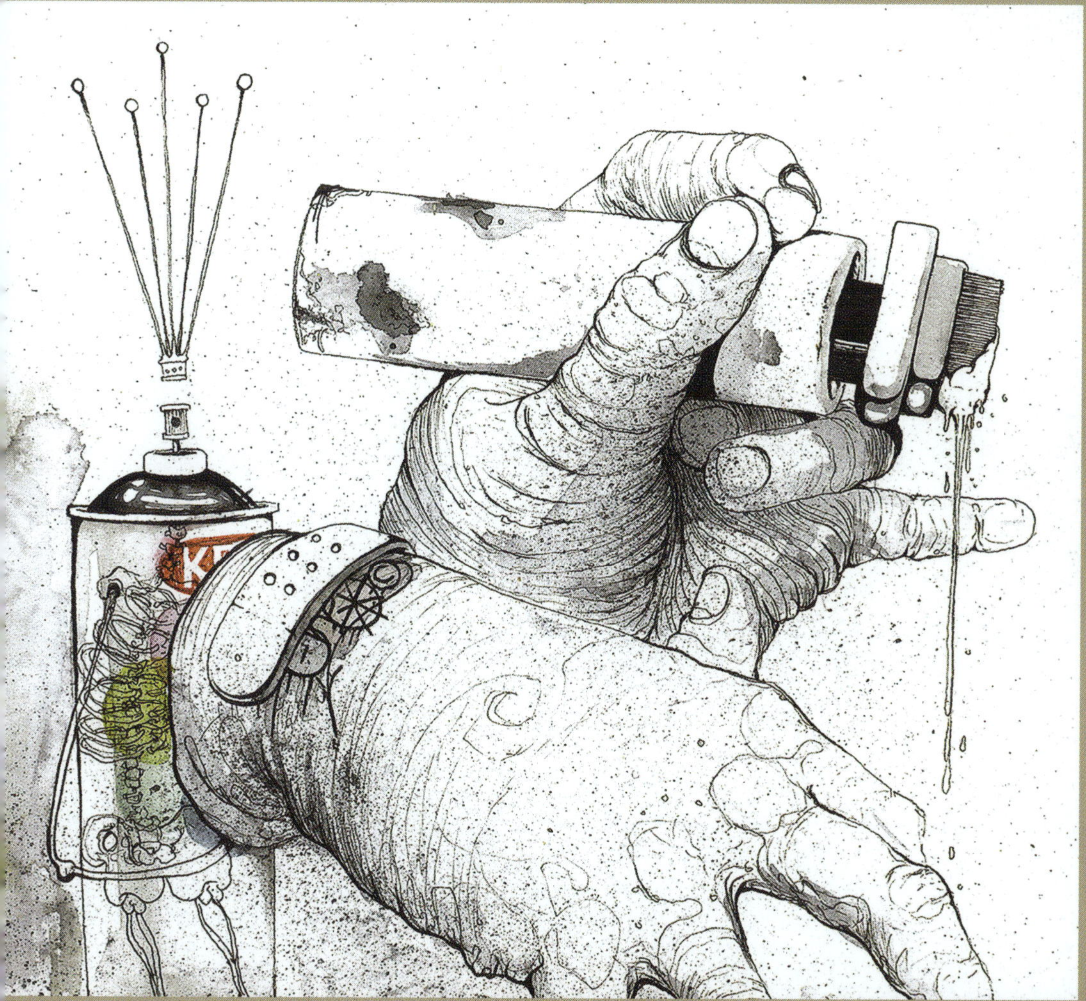

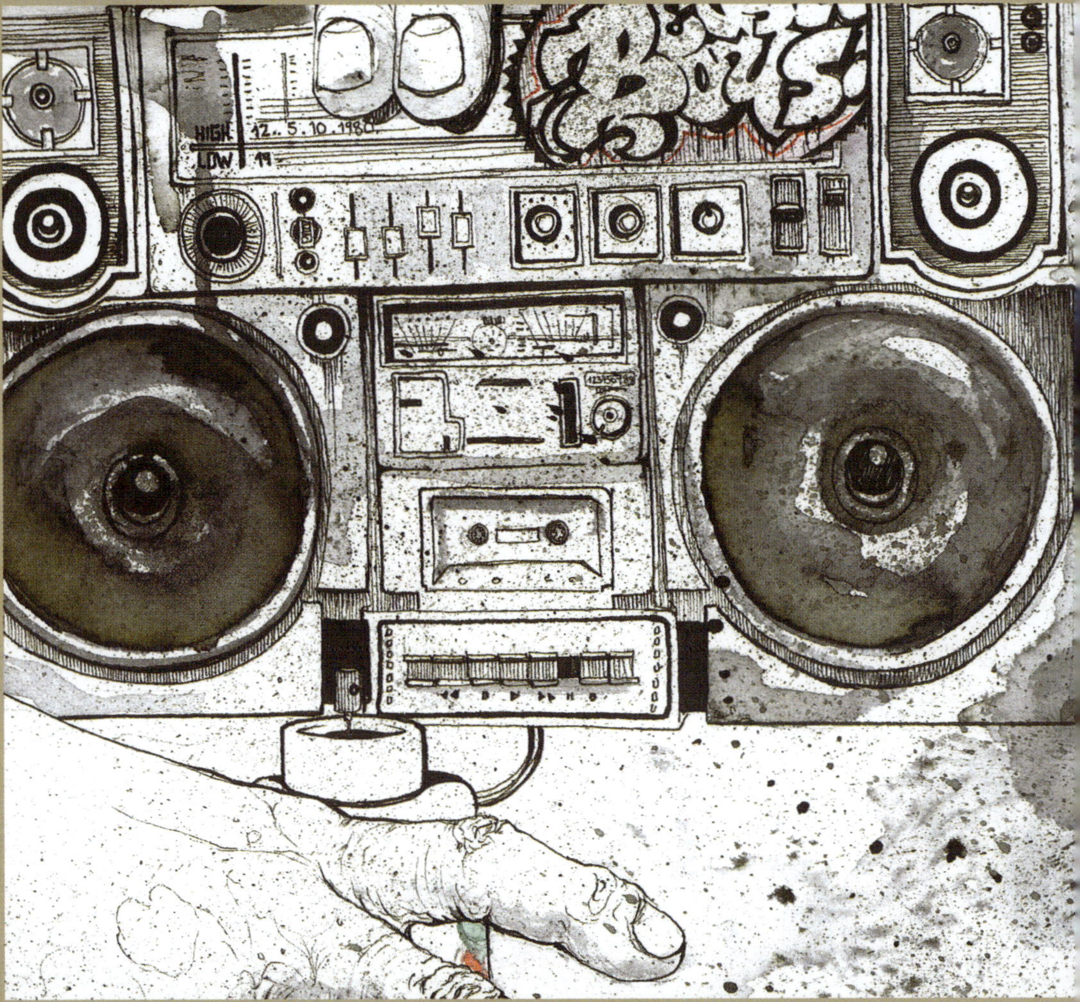
HIGH
12. 5. 10 1980
LOW

B.boy 2.
2006 21 x 29 cm. Tinta sobre papel.

Jimmy Smith for Carhartt.
2006 29 x 42 cm. Serigrafía.

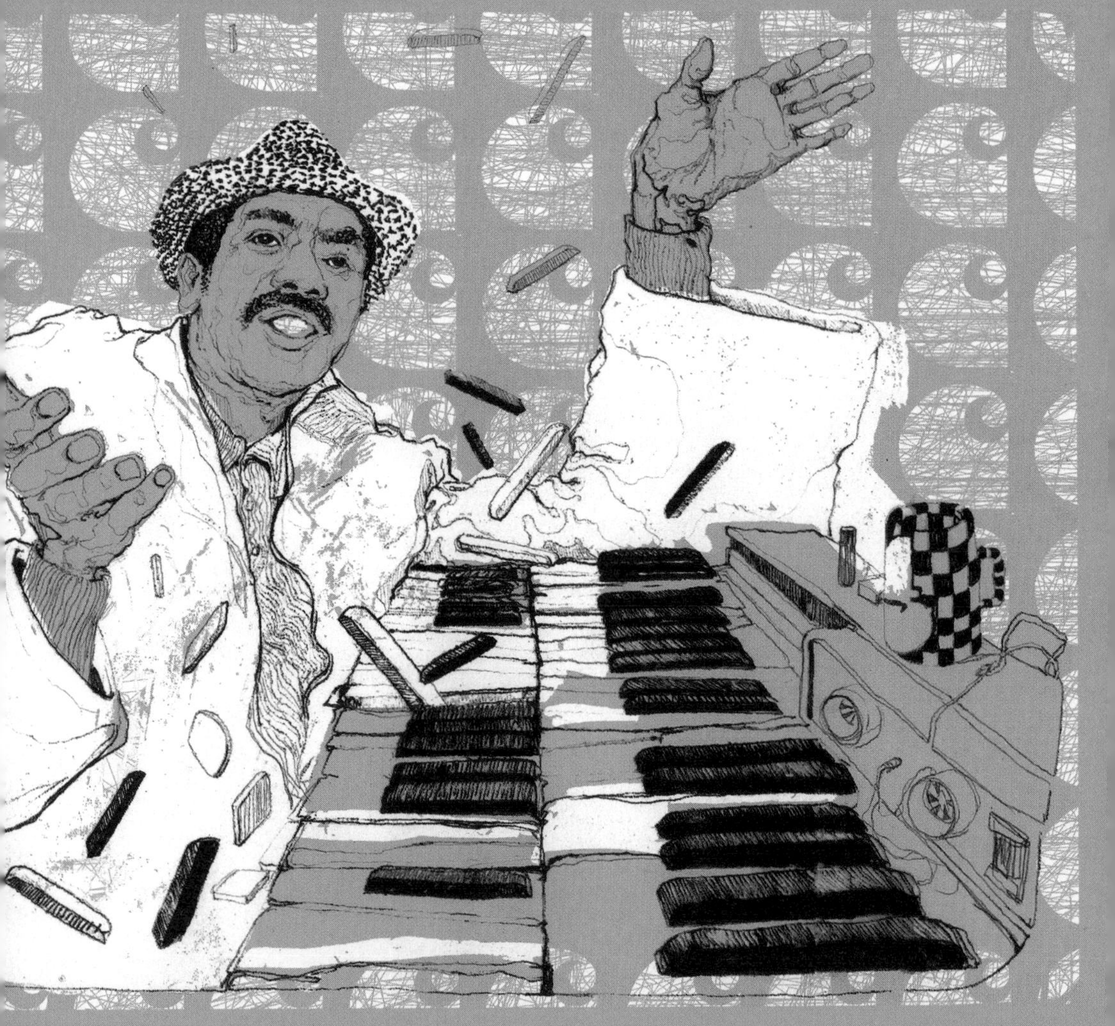

Monólogo de un Aerosol.
2006 15 x 21 cm. Tinta sobre papel.

Elegante. **2006** 15 x 21 cm. Tinta sobre papel.

Cría Ojos...
2006 15 x 21 cm. Tinta sobre papel.

Bullshit.
2006. 15 x 21 cm. Tinta sobre papel.

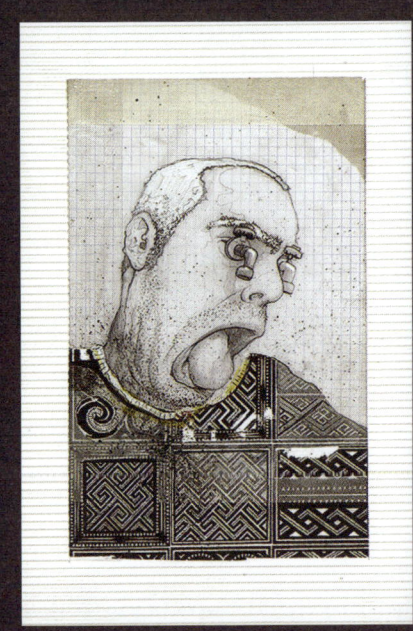

Veoveo 3 y 4.
2005 21 x 29 cm. Técnica mixta sobre papel.

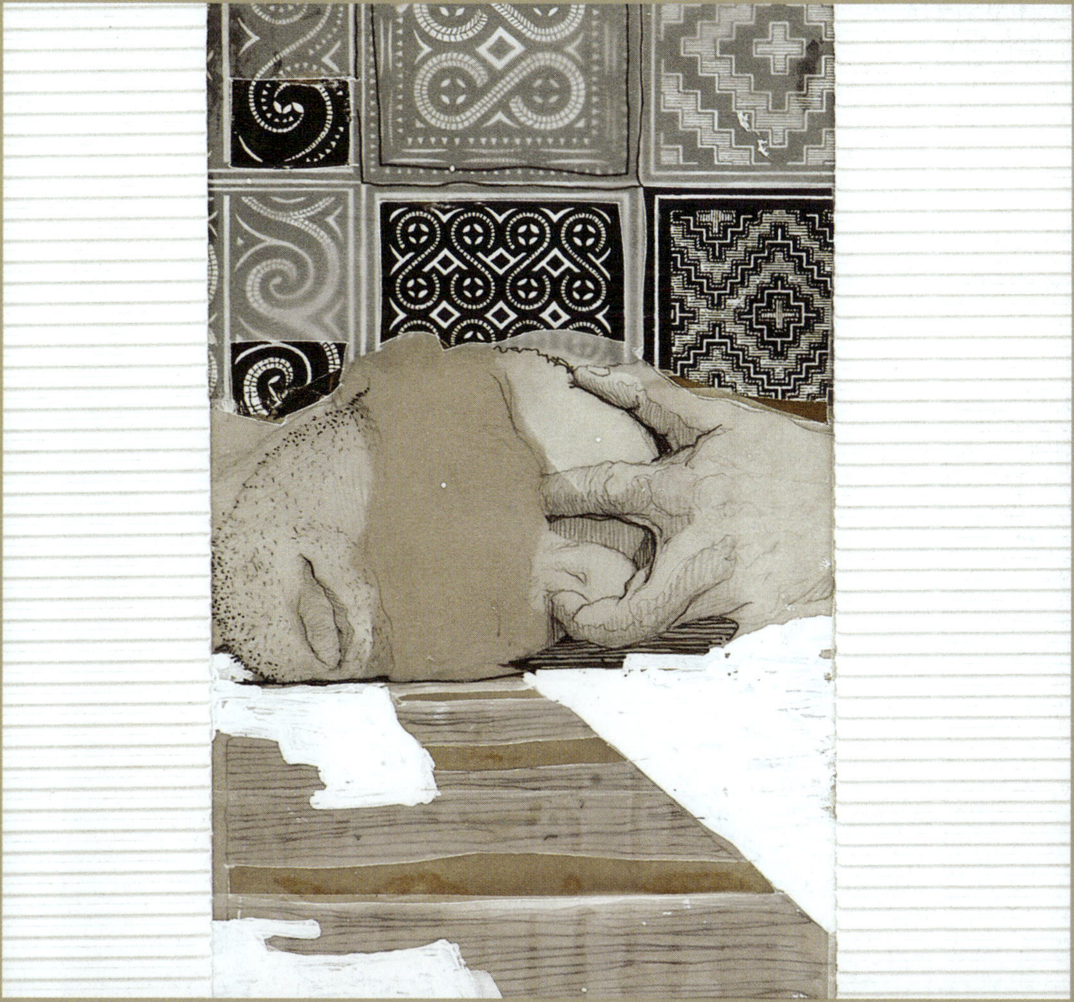

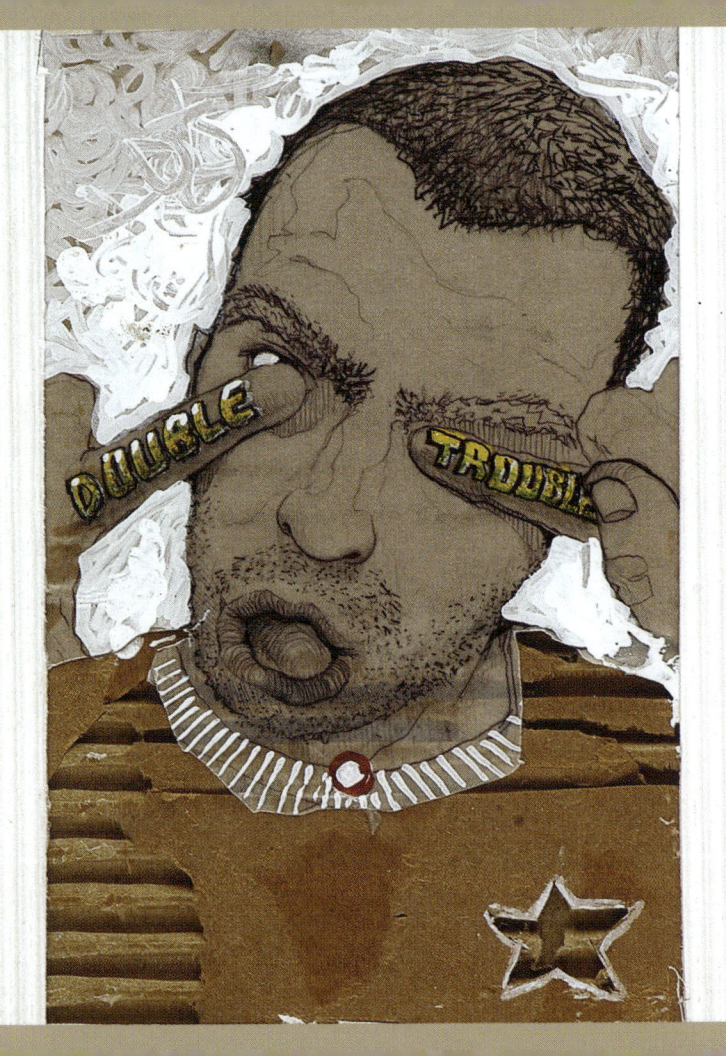

Veoveo 1.
2005 21 x 29 cm. Técnica mixta sobre papel.

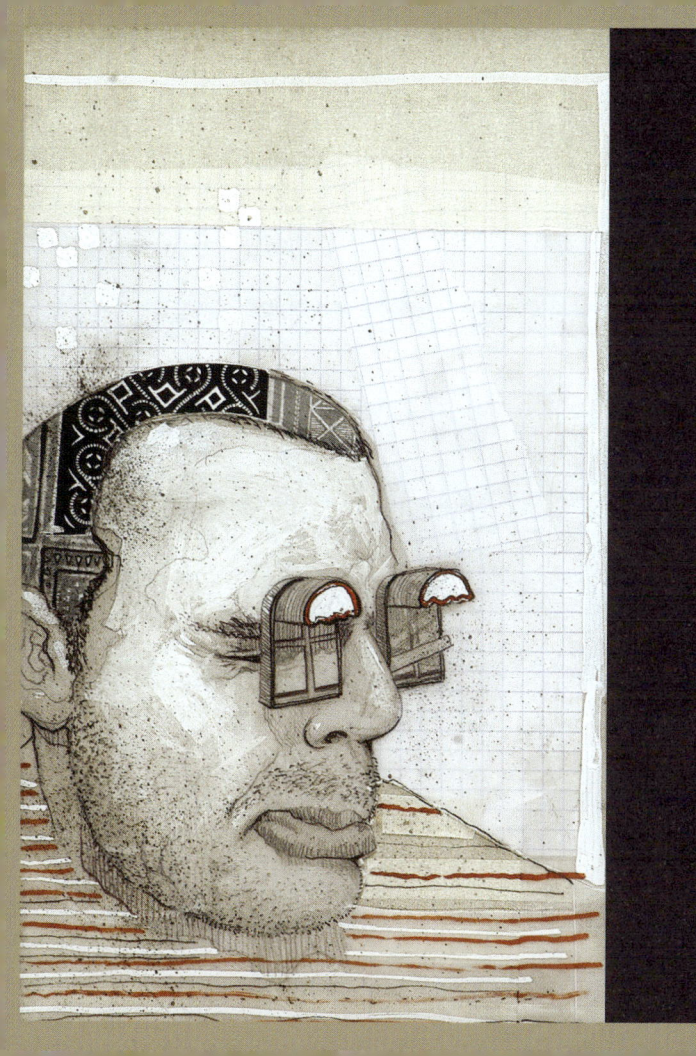

Veoveo 2.
2005 21 x 29 cm. Técnica mixta sobre papel.

CUADROS

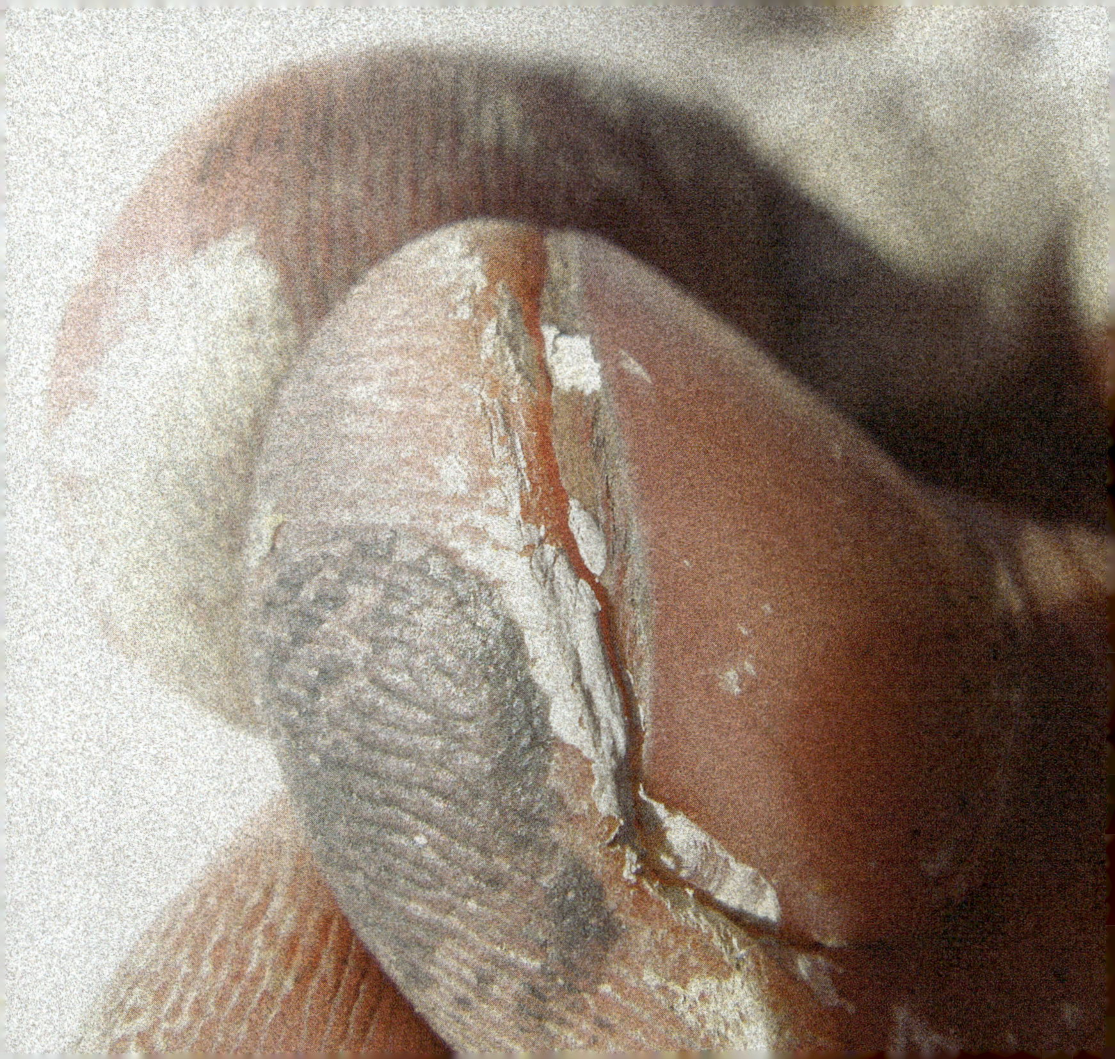

Carhartt Shop Madrid.
2005 1,20 x 3 m. Técnica mixta sobre madera.

Empty. 2005 1,20 x 50 m. Técnica mixta sobre tabla.

Corazón.
2006 20 x 30 cm. Serigrafía sobre tabla.

T-mix proyect. **2006** Serigrafía sobre tela.

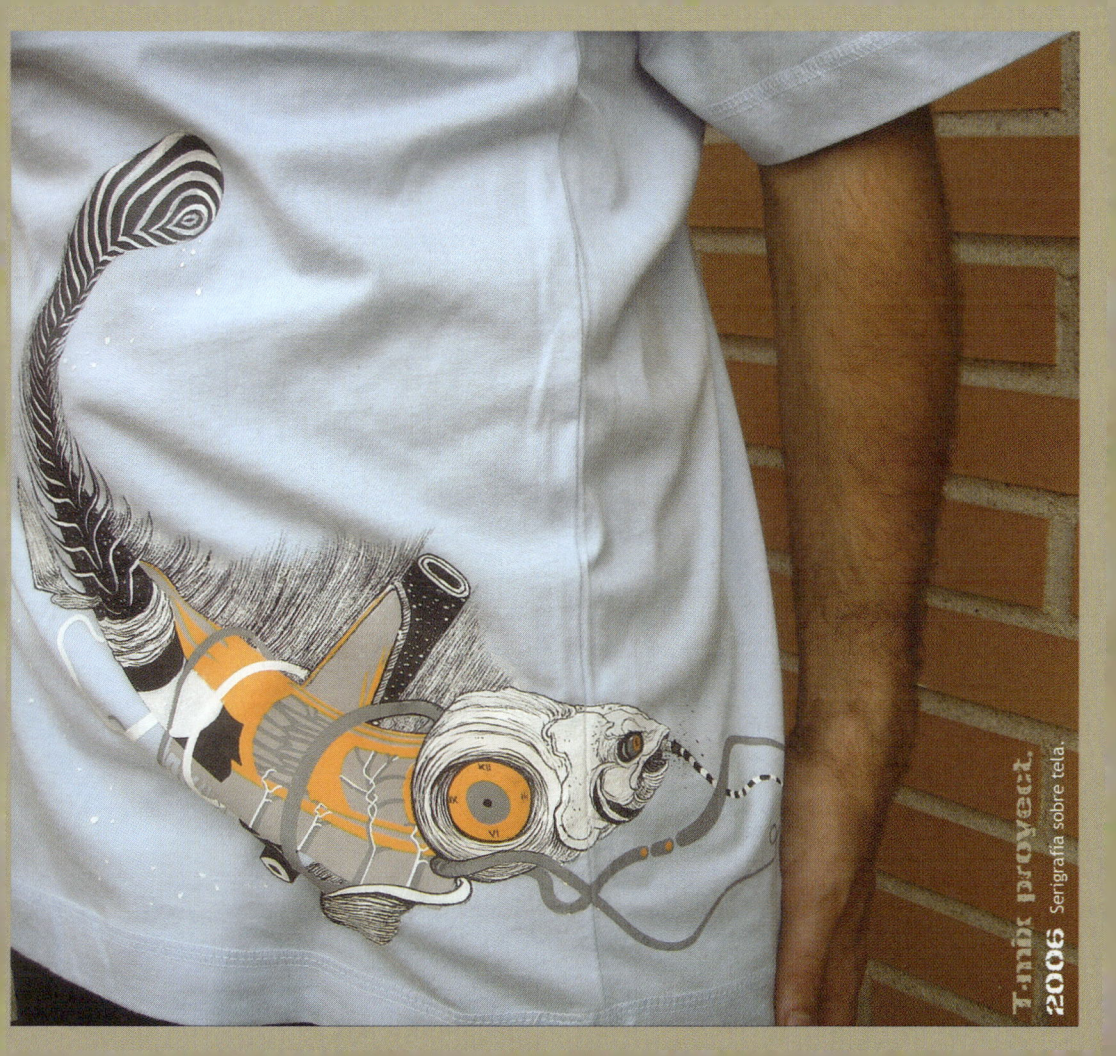

Las Edades del Graffiti

2006 Leon. Con Nano4814, Sixeart, Nuria y el Tono. Técnica mixta.

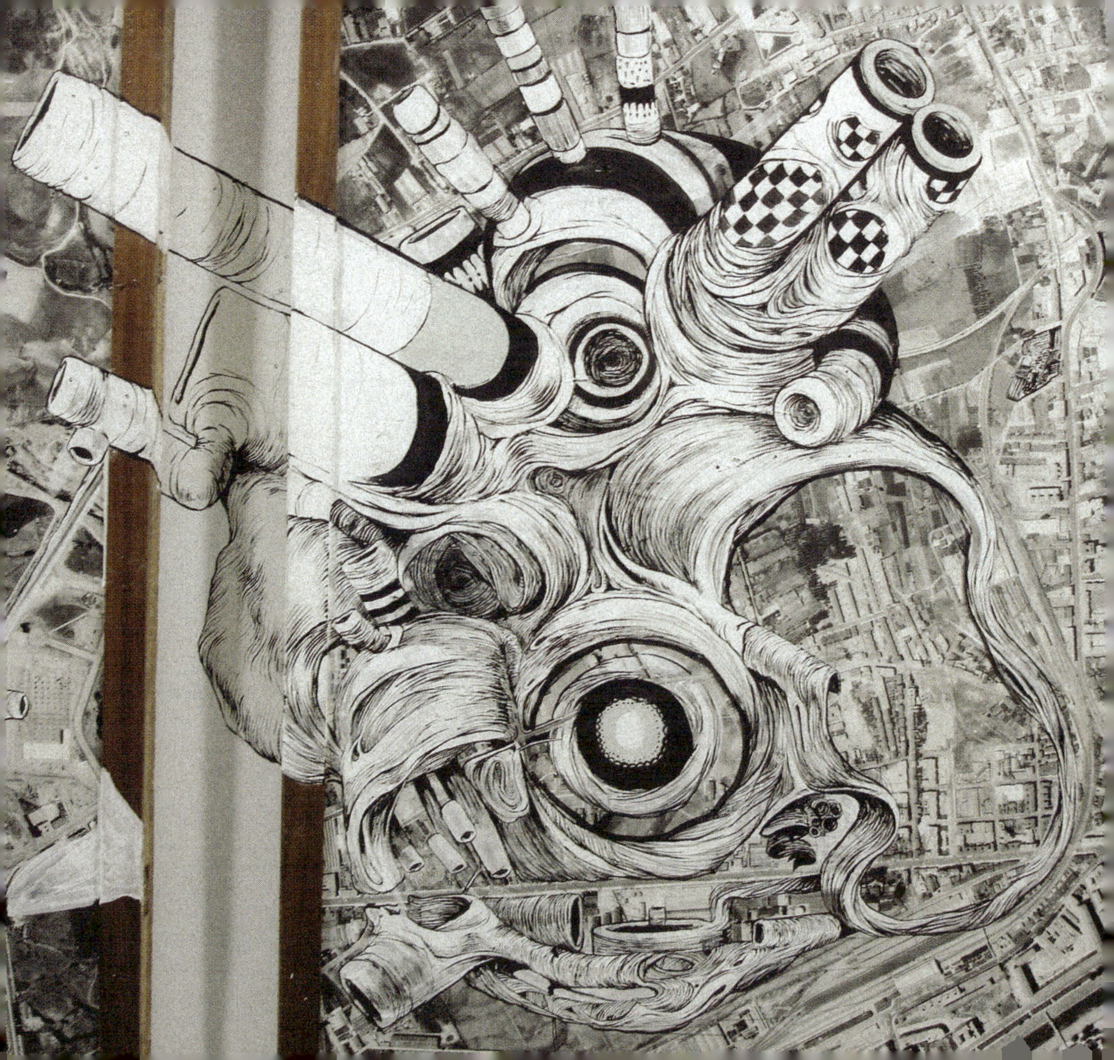

Kraftwerk, detalle.
2006 2 x 2 m. Técnica mixta sobre tela.

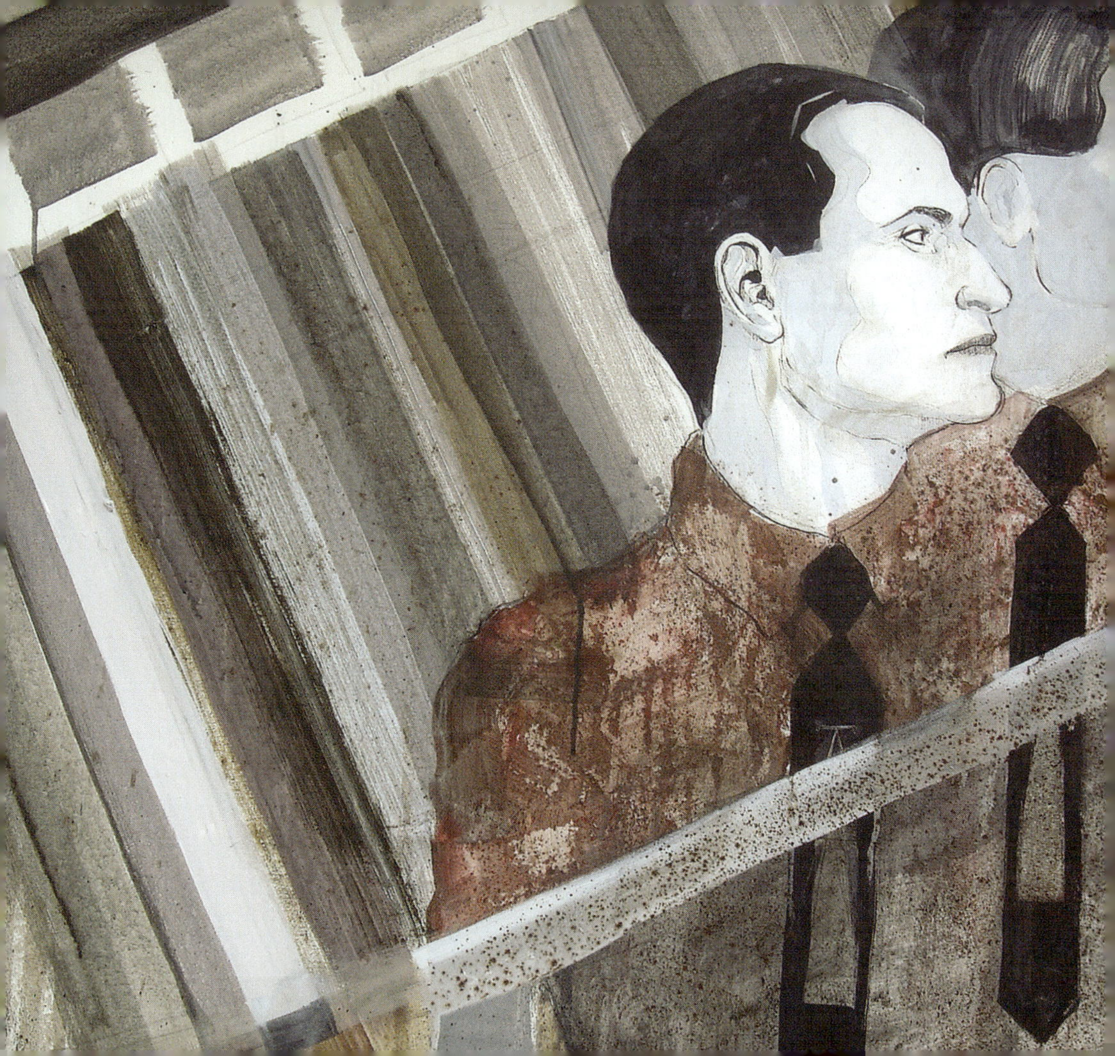

Jimmi Hendrix and co. detalle.
2006 2 x 2 m. Técnica mixta sobre tela.

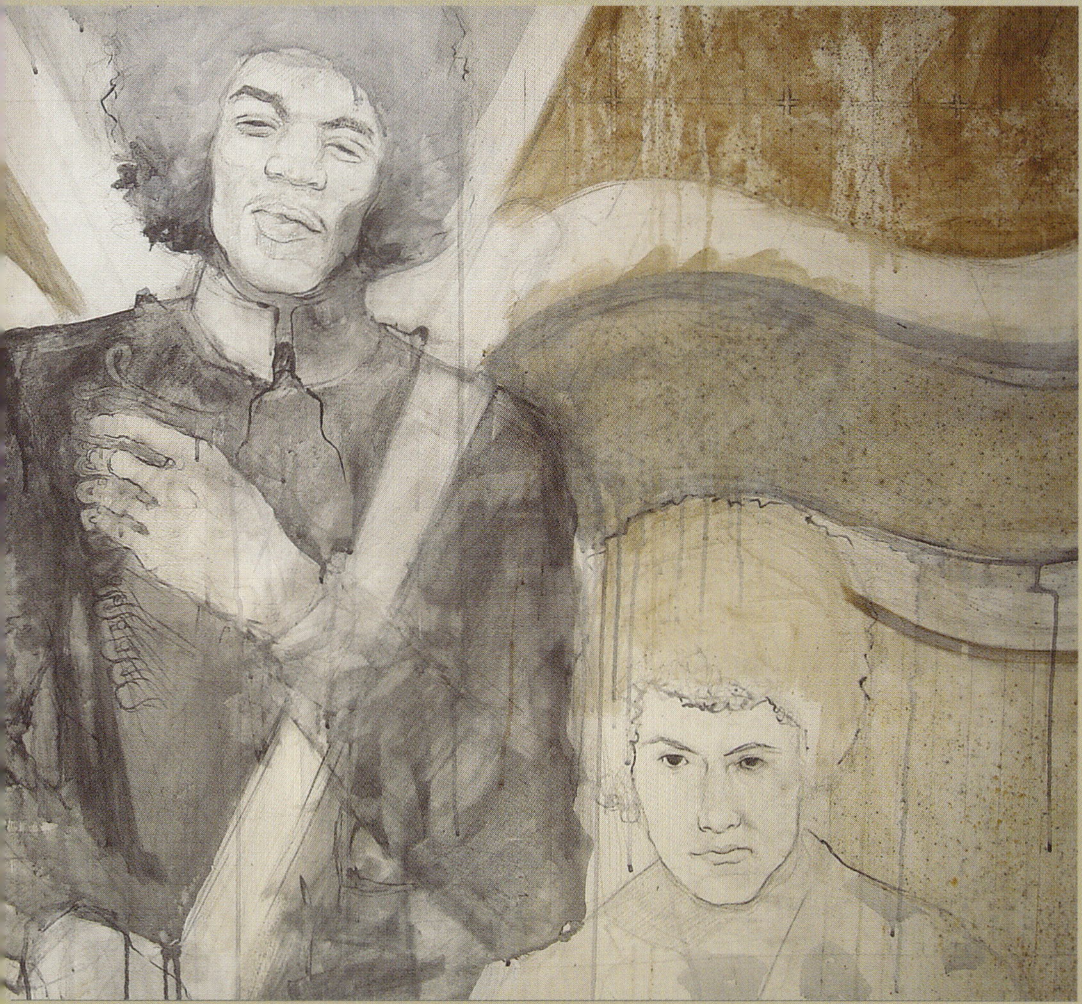

Public Enemy. detalle.
2006 2 x 2 m. Técnica mixta sobre tela.

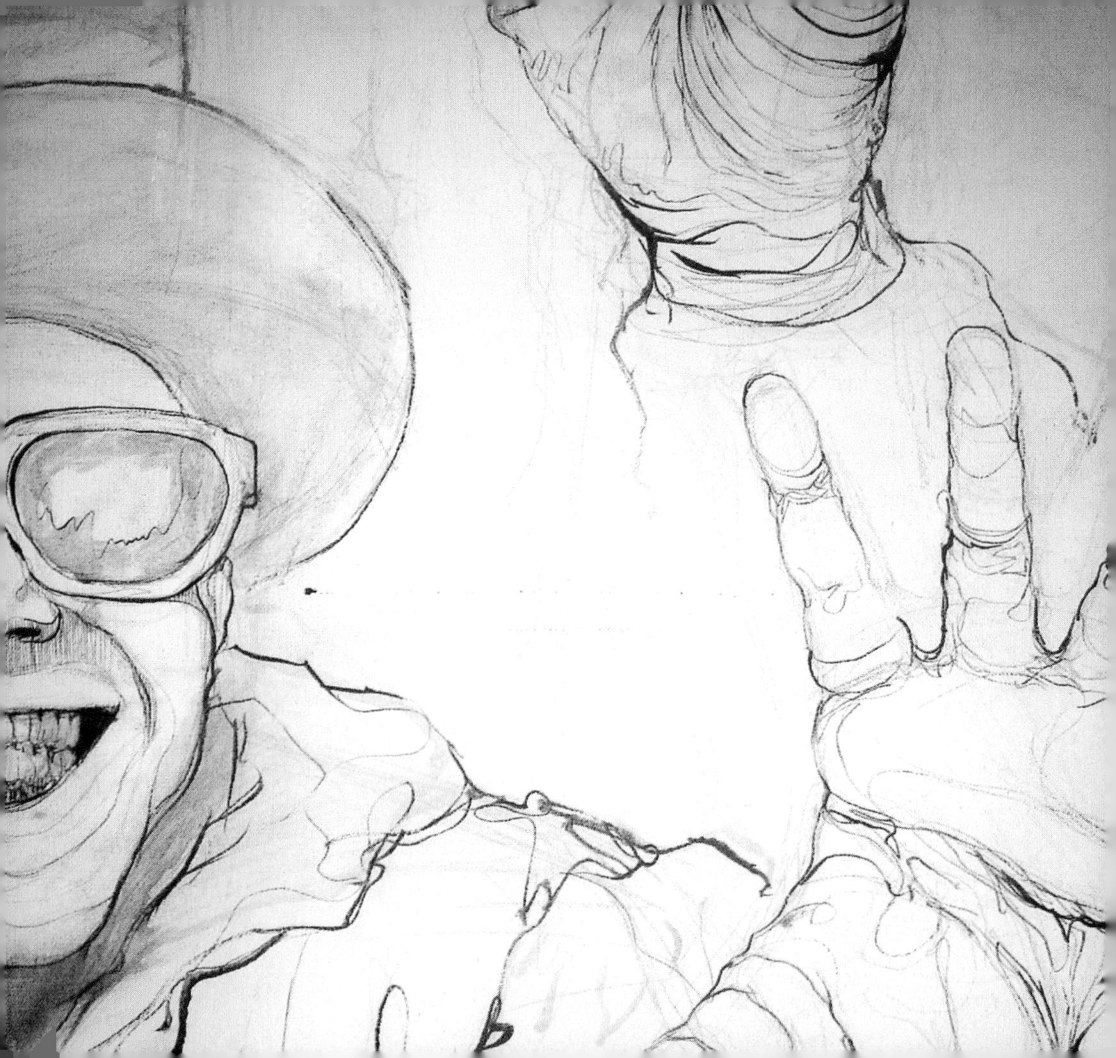

Jimmi Hendrix and co.
Public Enemy.
Kraftwerk
2006 2 x 2 m. Técnica mixta sobre tela.

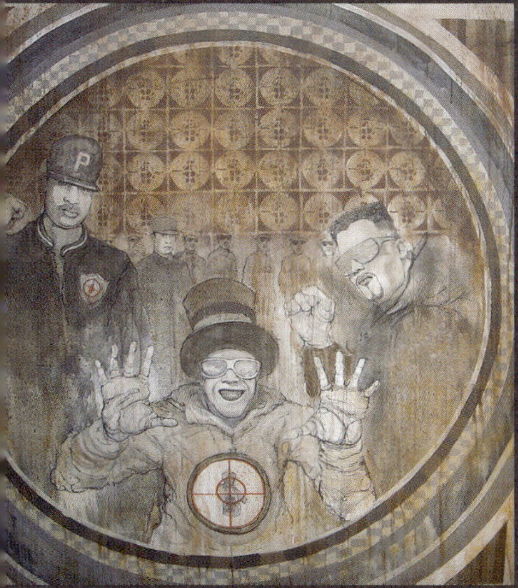
P

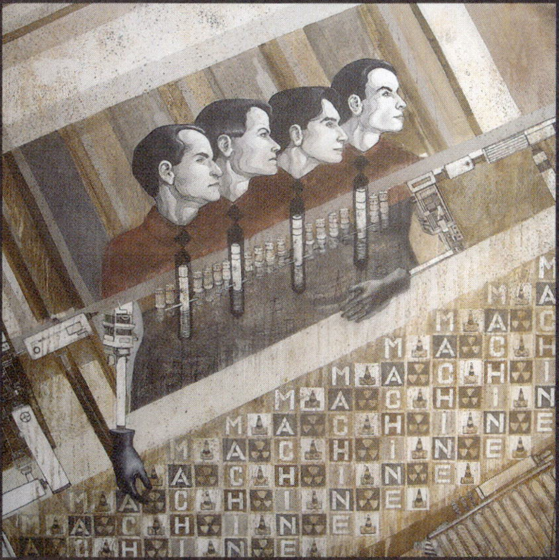
MACHINE

San Francisco. detalle.
2005 250 x 350 cm. Acrílico sobre tela.

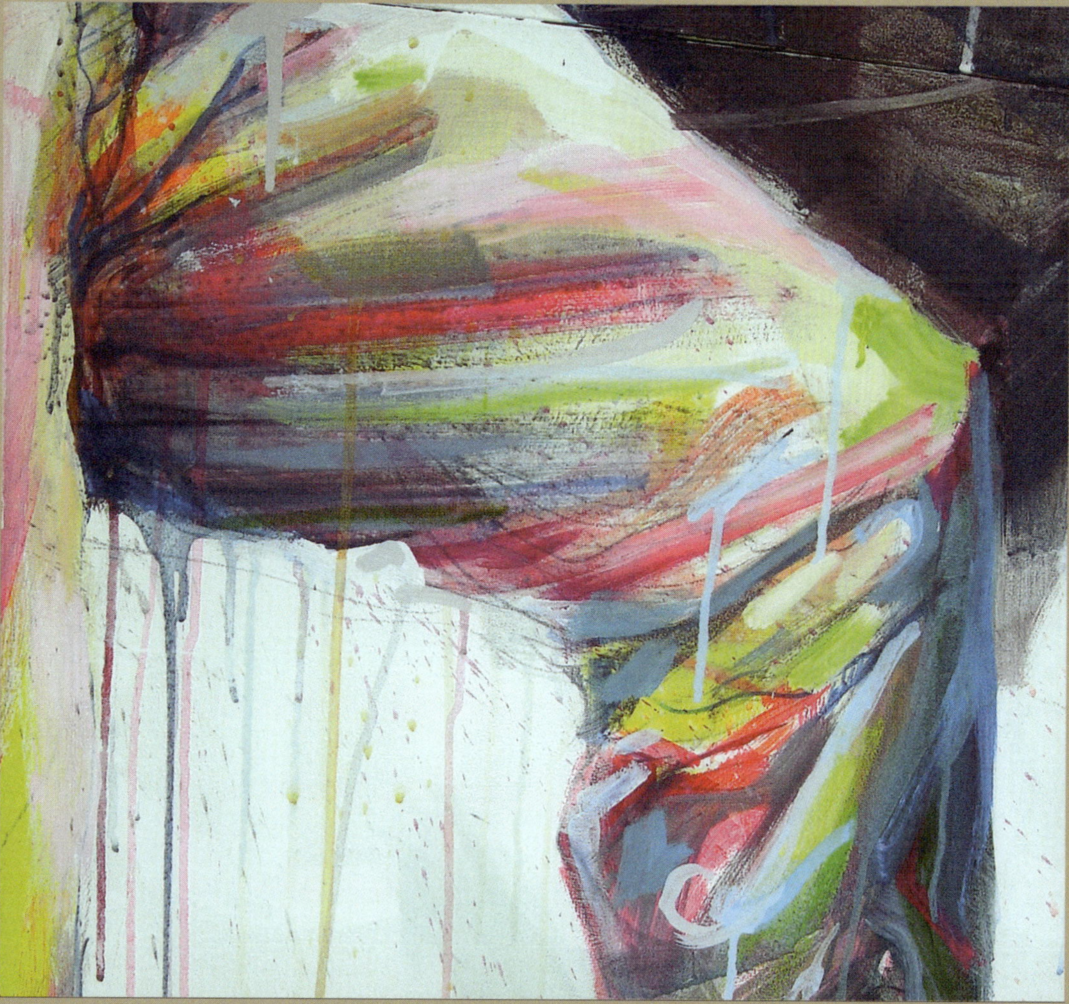

Special
KERS
Premium
SAN
Contra Costa
San Francisco Bay
Alcatraz
Telegraph Hill
North Beach
Hunters Point
Bay View
Visitacion Valley

San Francisco 2. detalle.
2006 220 x 350 cm. Acrílico sobre tela.

Meninas.
2004 1,80 x 1,20 cm. Técnica mixta sobre tabla.

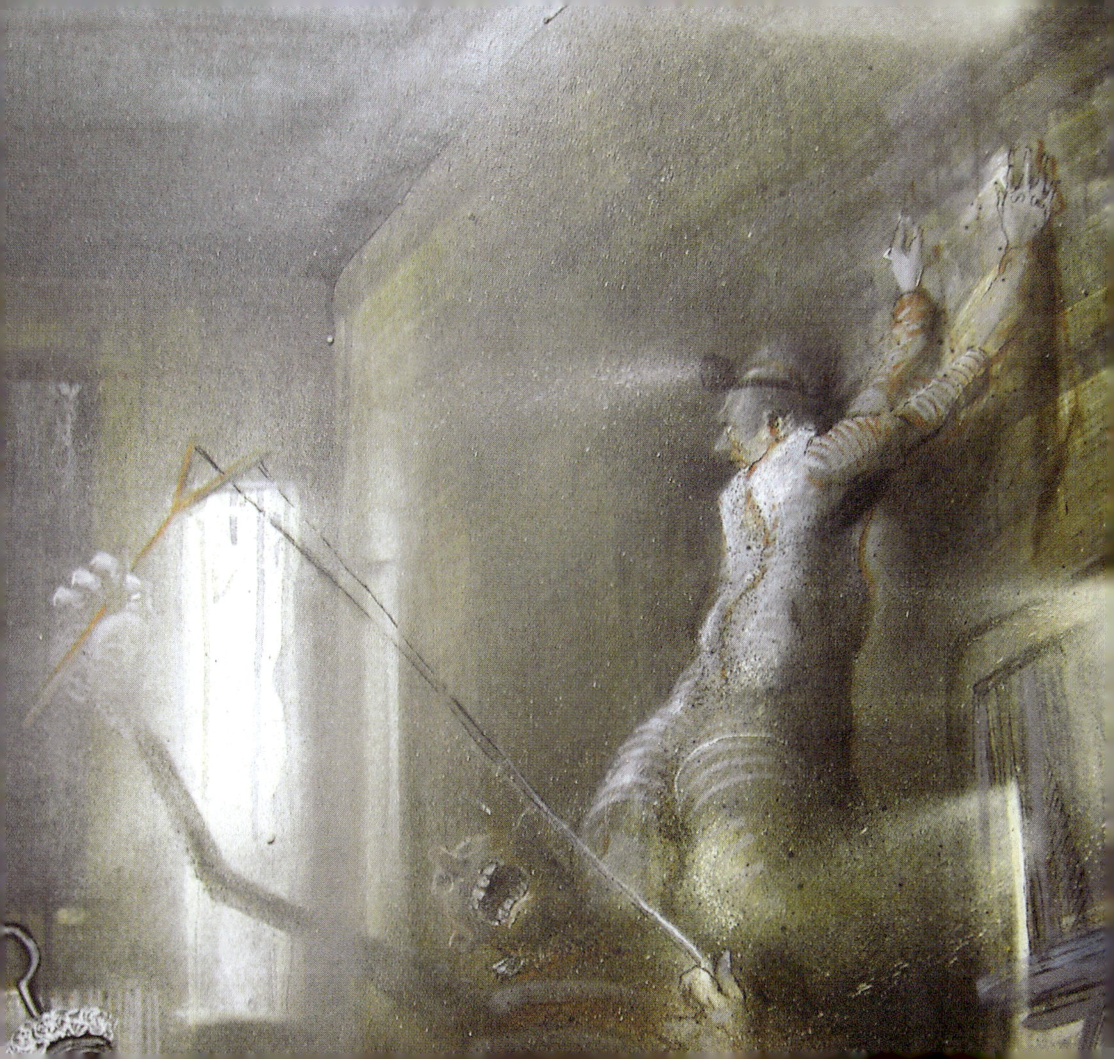

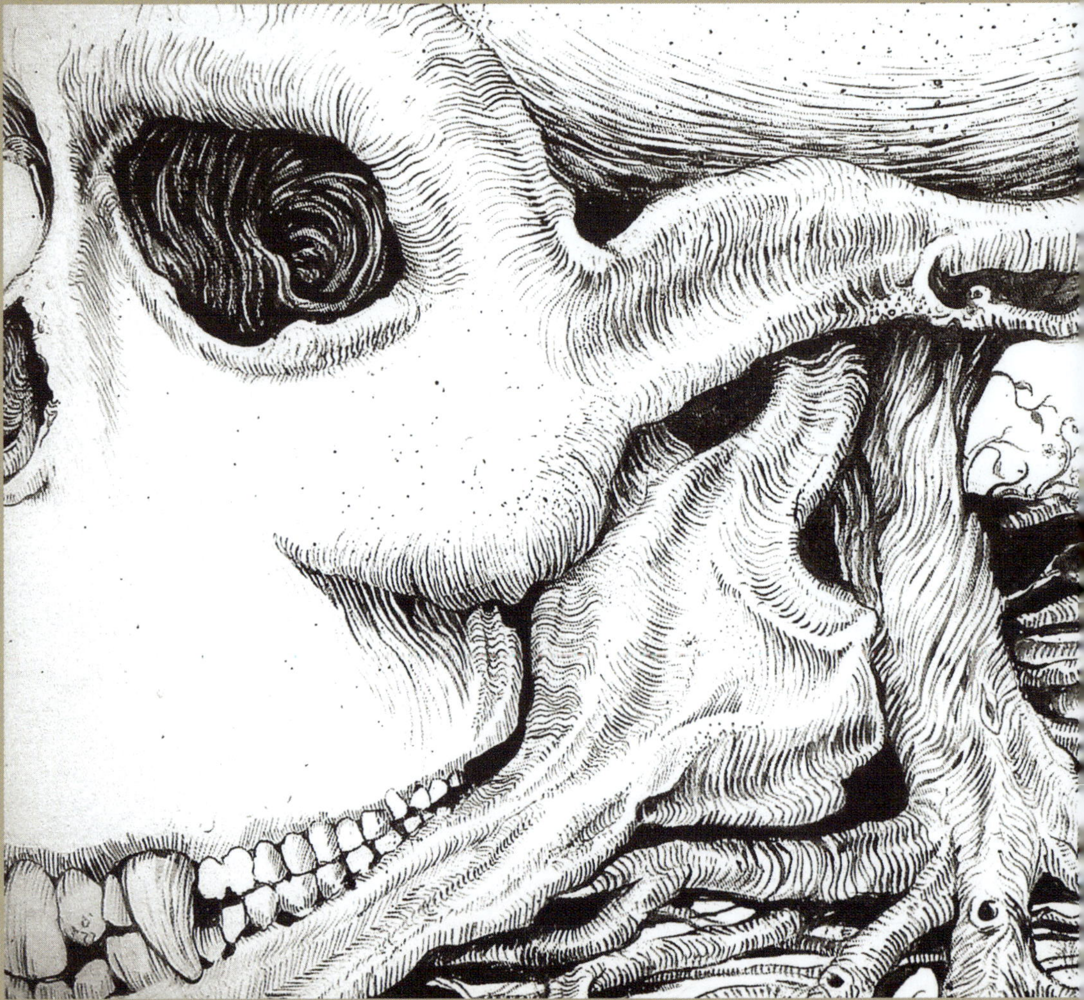

Génesis. Detalle.
2005 1,50 x 1 m. Acrílico sobre tela.

Suciety.
2005 Diferentes medidas. Acrílico sobre tela.

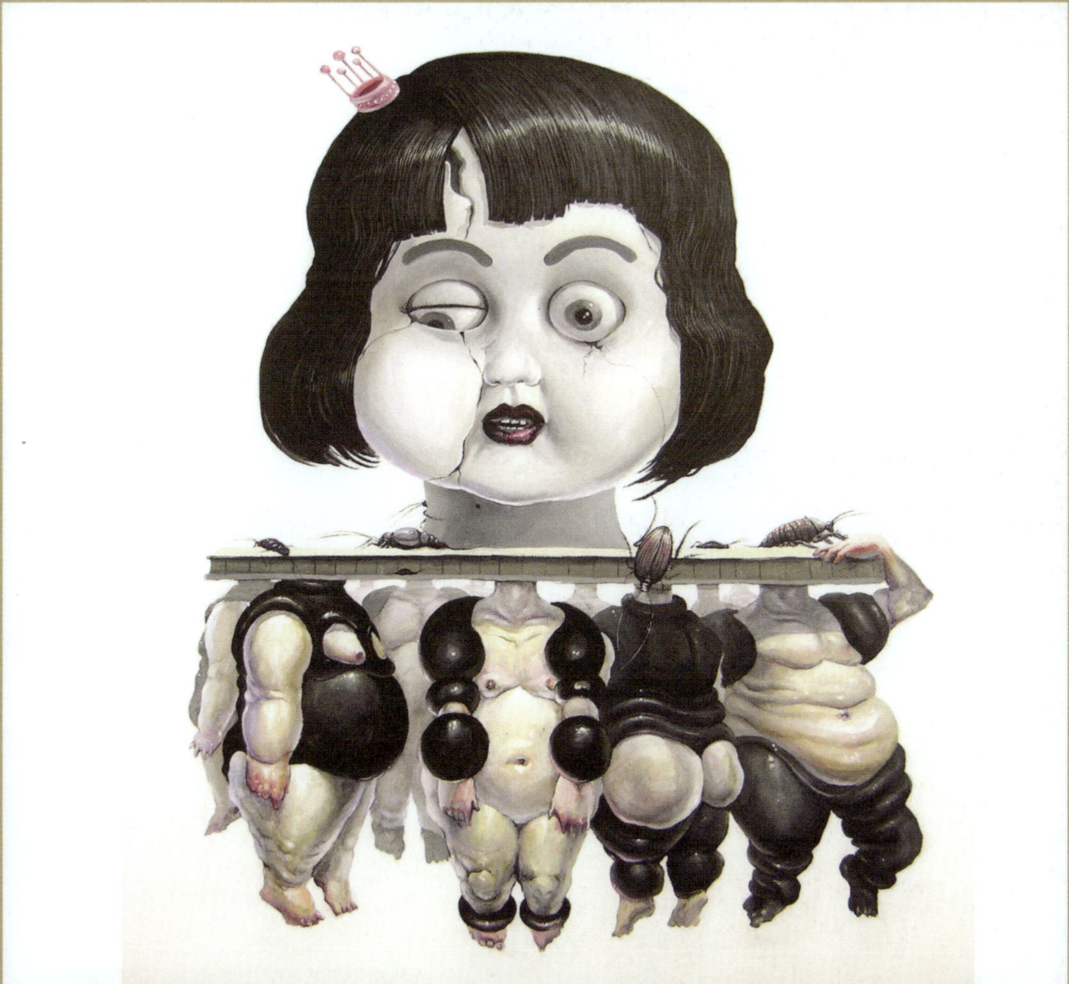

MURALES

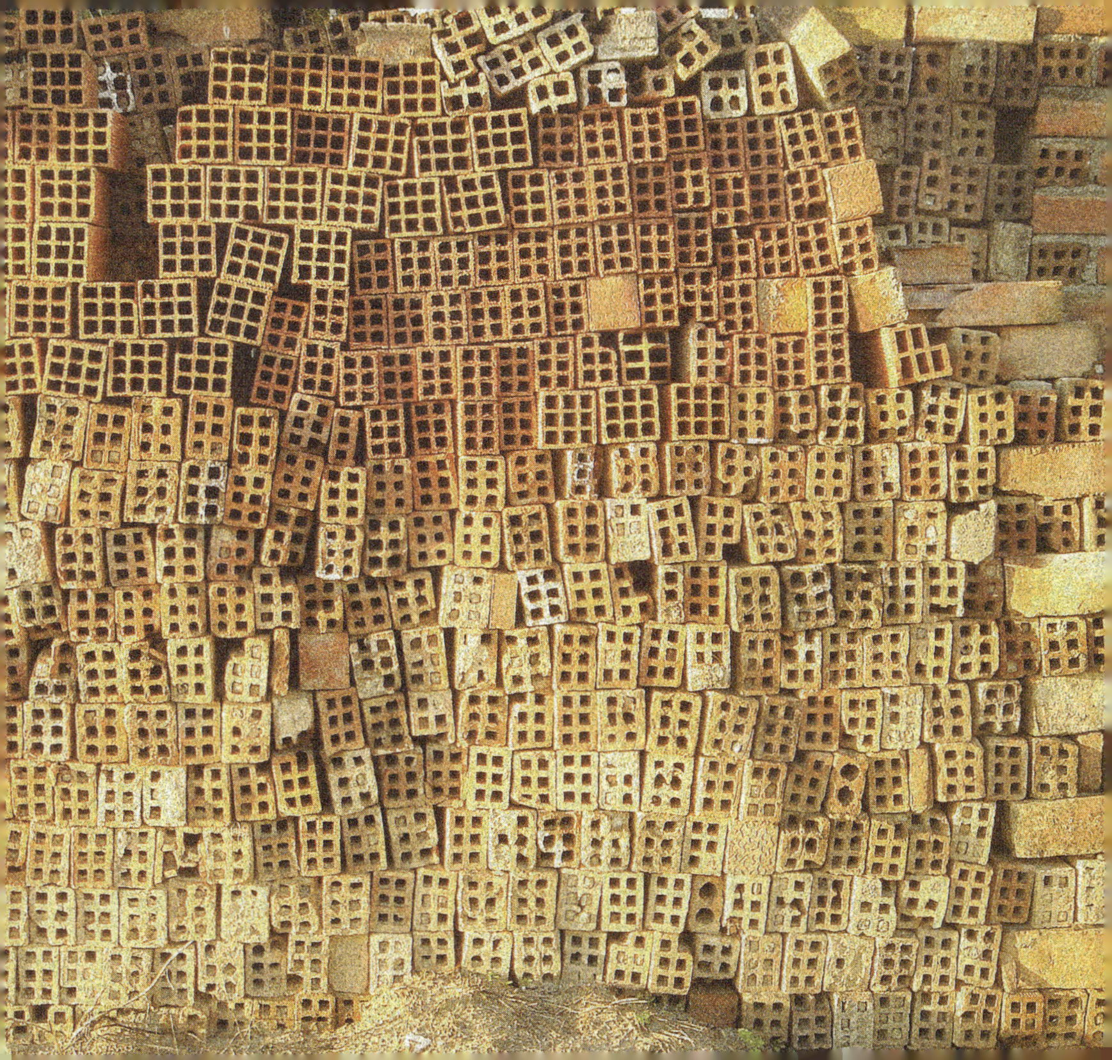

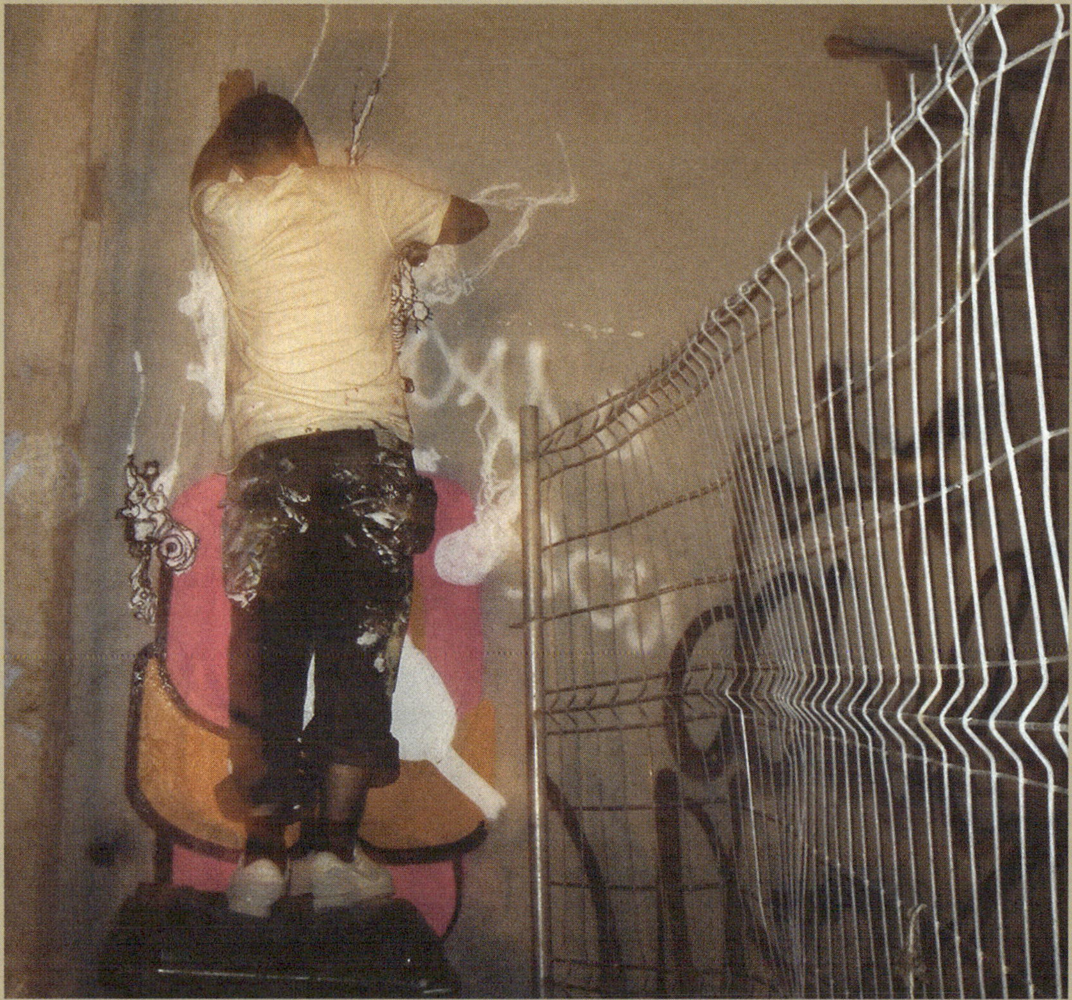

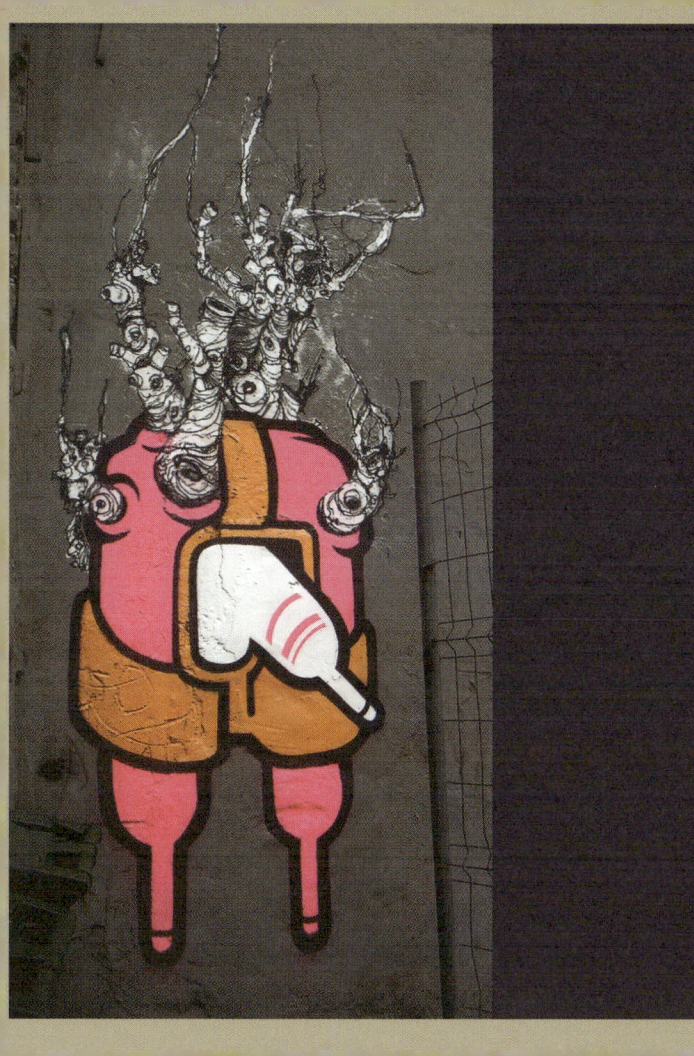

Sin título. con Satone. 2006 Zaragoza.

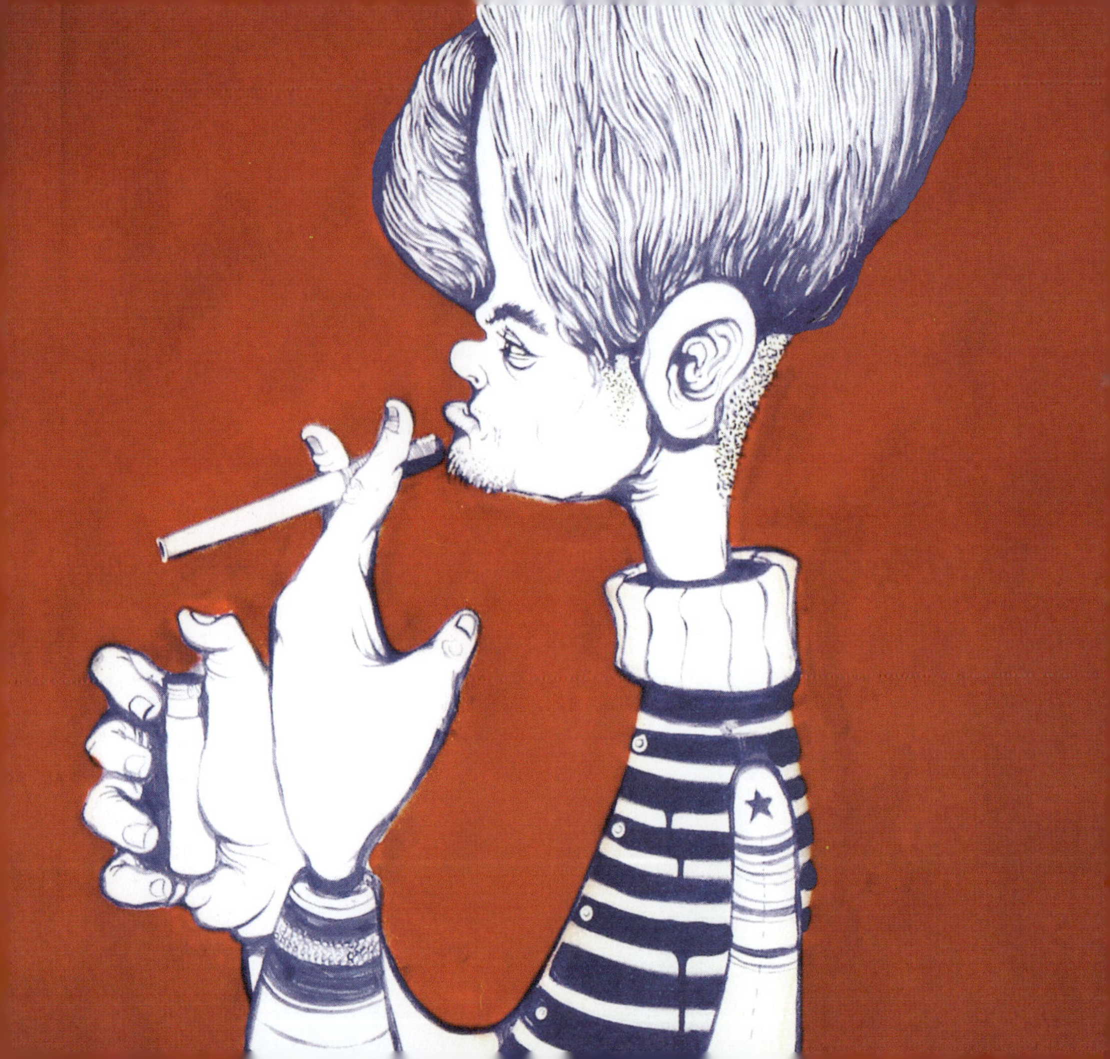

sin título.
2005 Moscú.

Sin título.
2006 Zaragoza.

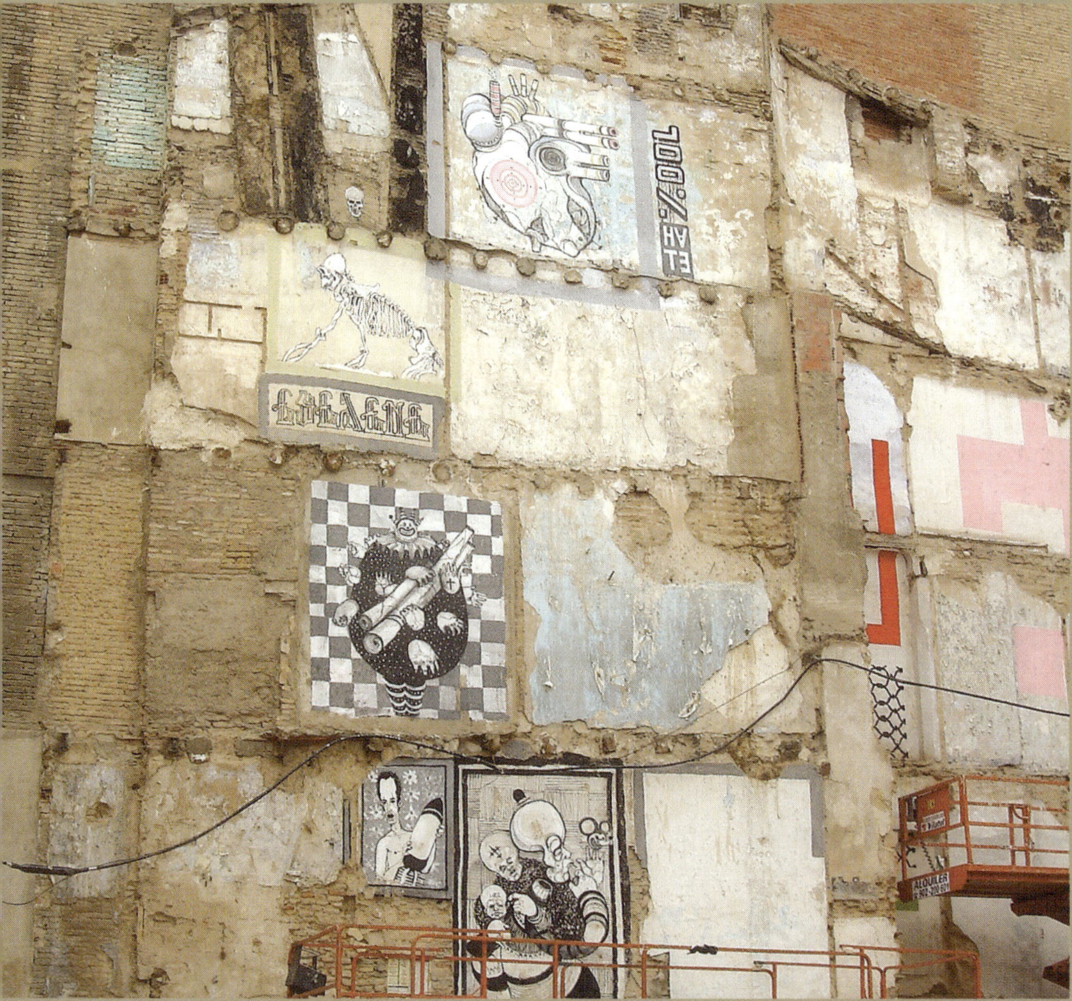
100% HATE
ALQUILER

Sin título.
2006 Talleres de Atocha, Madrid.

TALLER DE PINTURA

Sin título.
2005 Sevilla.

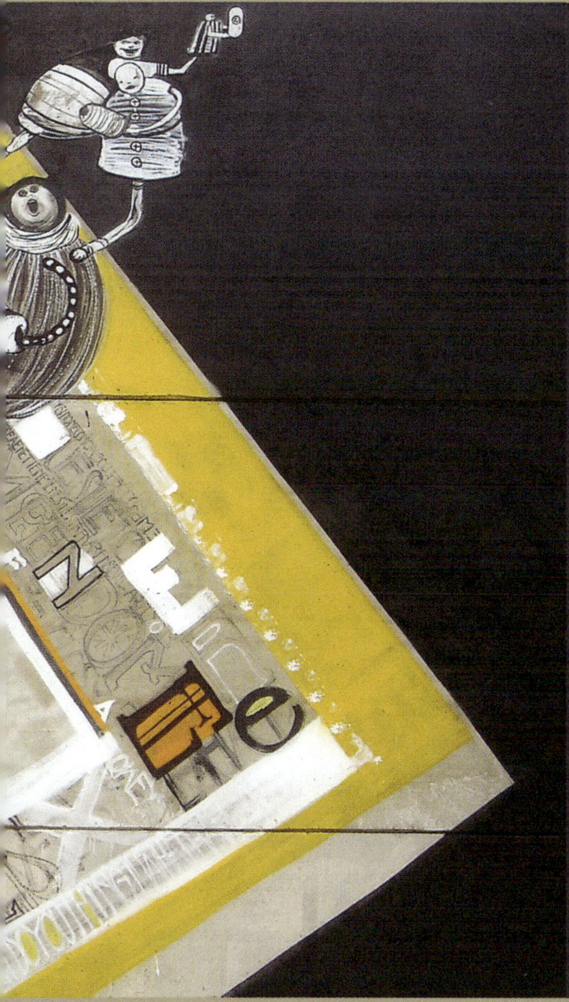
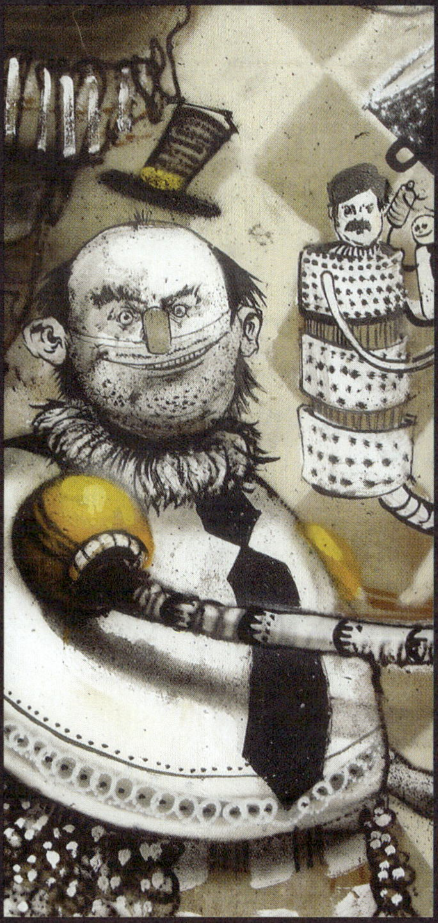

Sin título. 2006 New York.

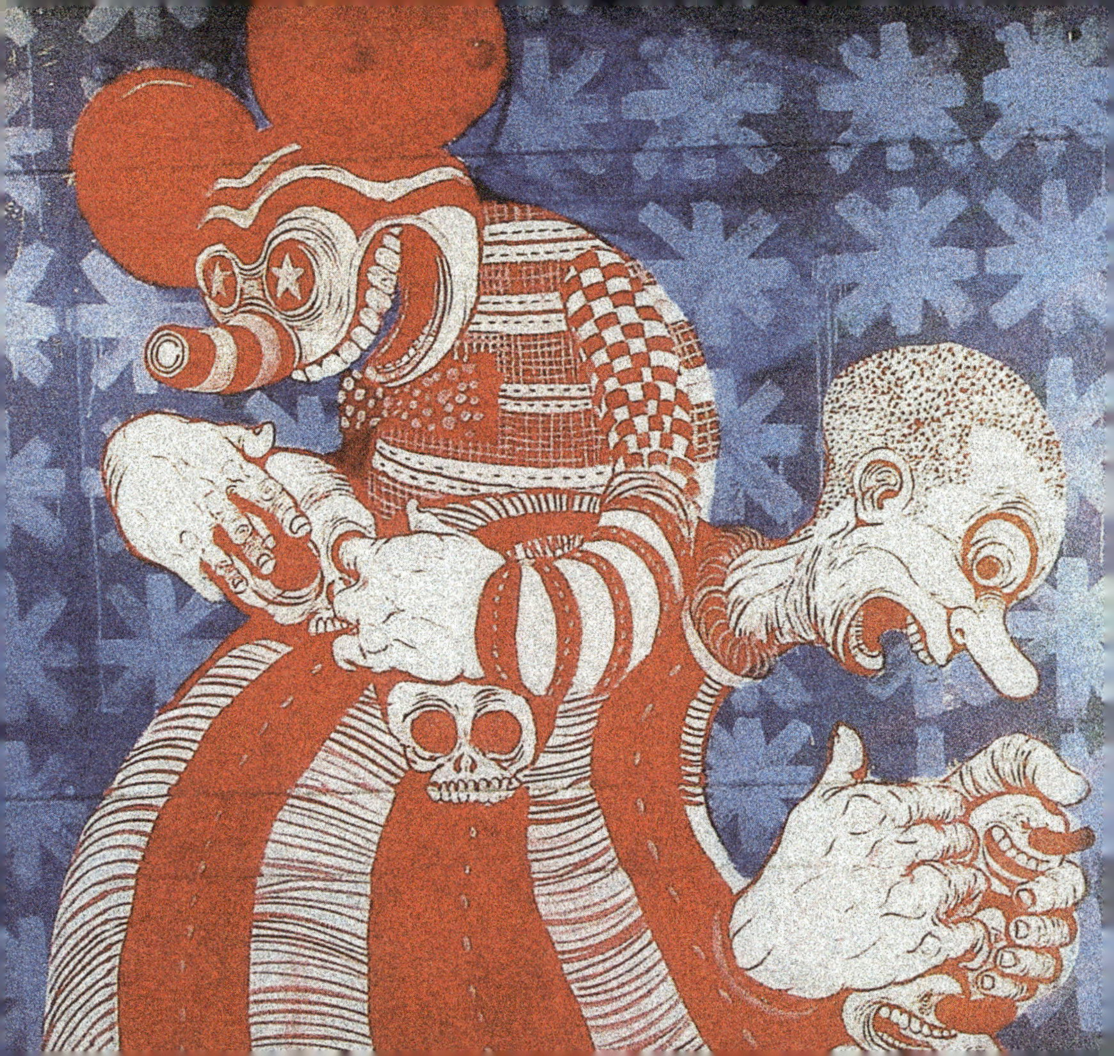

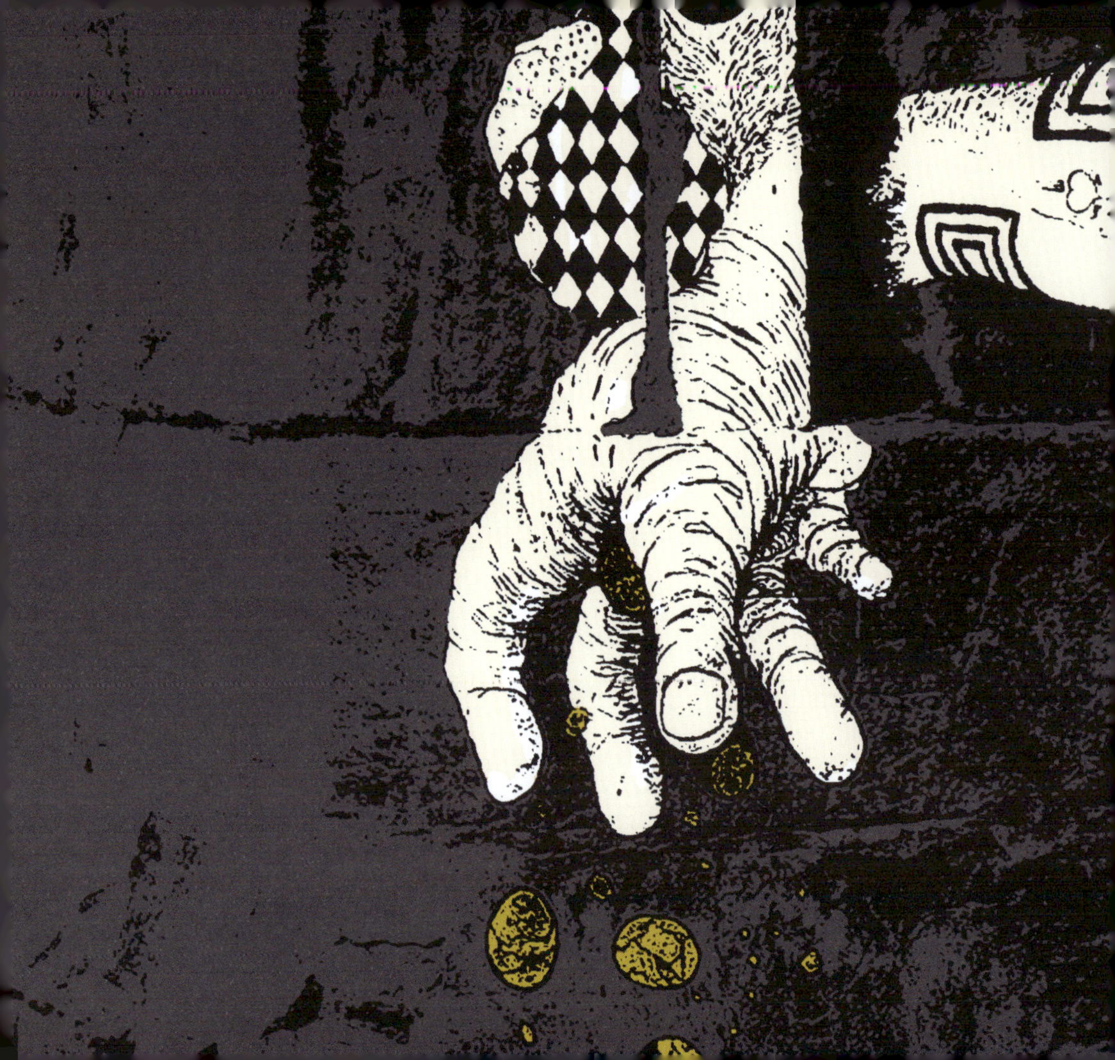

Sin título. 2006. Zaragoza.

PUEDO SEÑALAR A LA LUNA, PERO TODOS QUEDARÁN MIRANDO............ A MI DEDO......

Sin título.
2006 Moraleja.

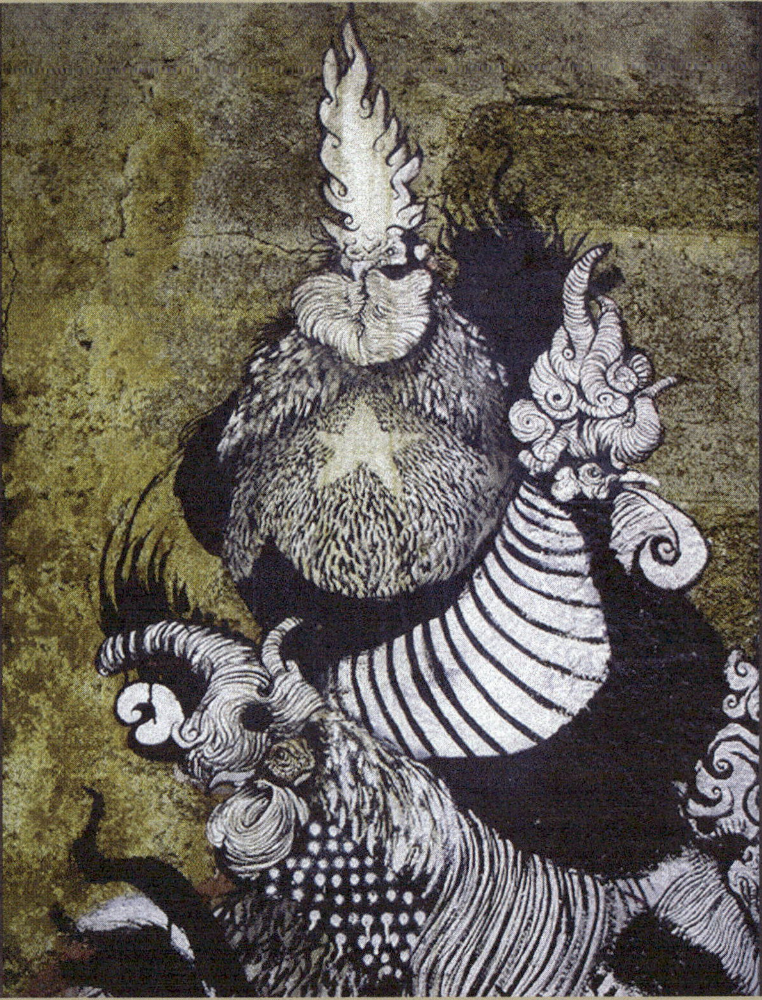

Sin título.
2005 Moraleja.

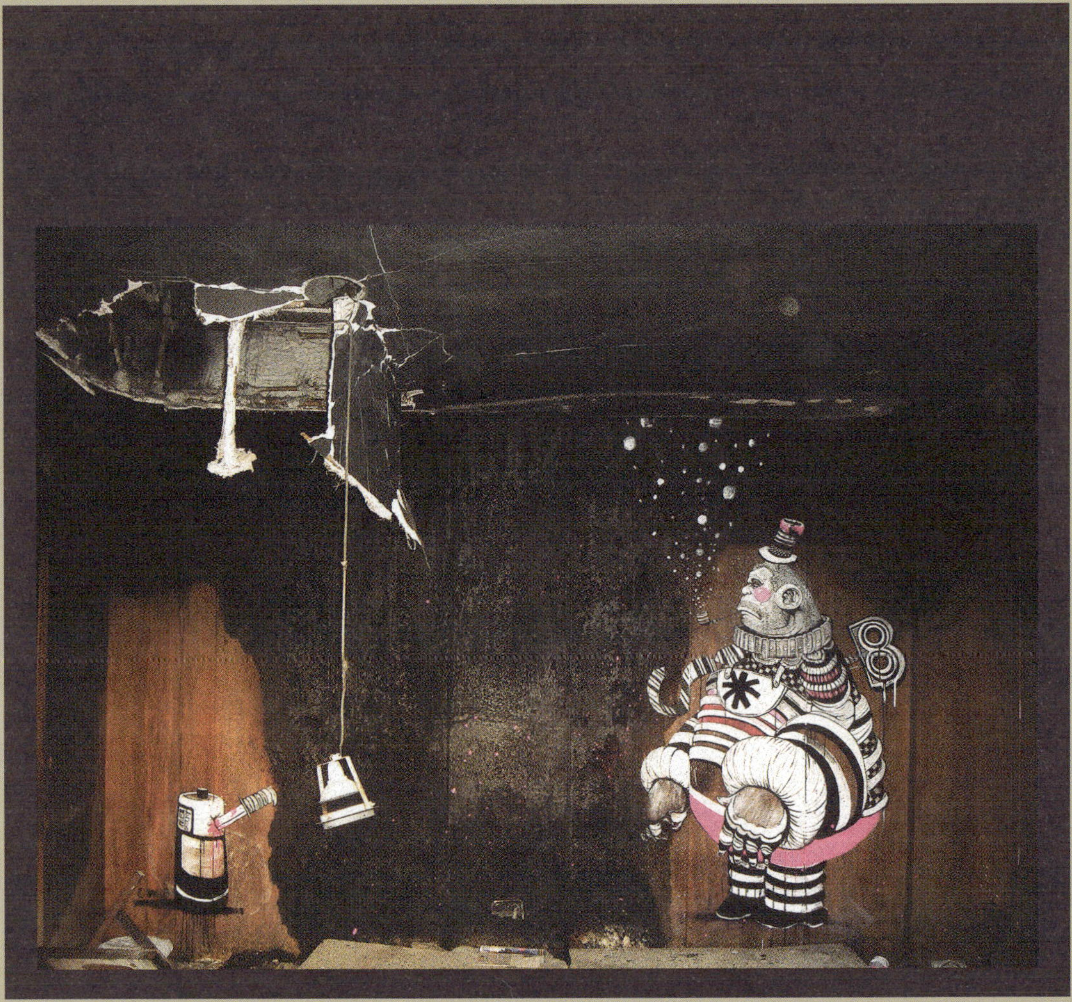

Sin título. 2005 Madrid.

sin título.
2004 Moraleja.

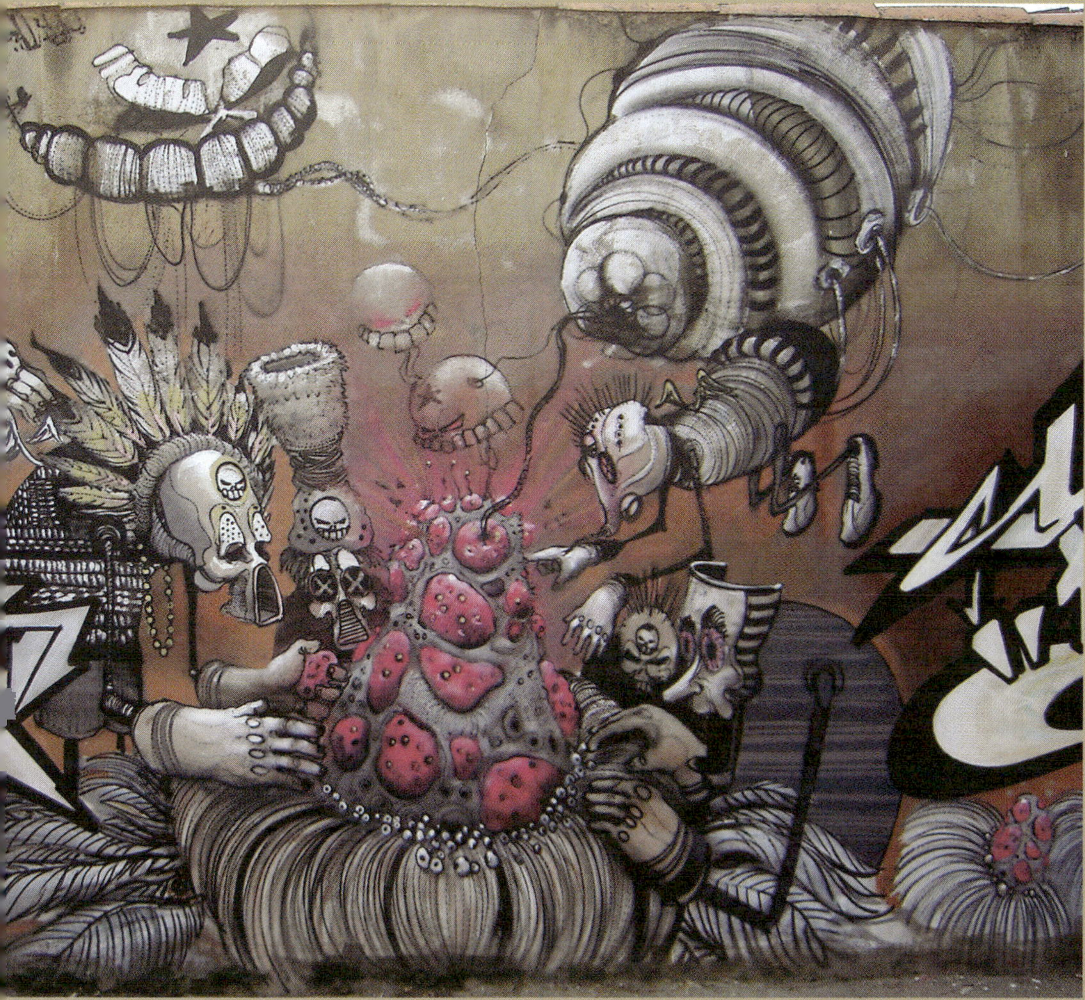

Sin título. con SLK.
2006 Sevilla.

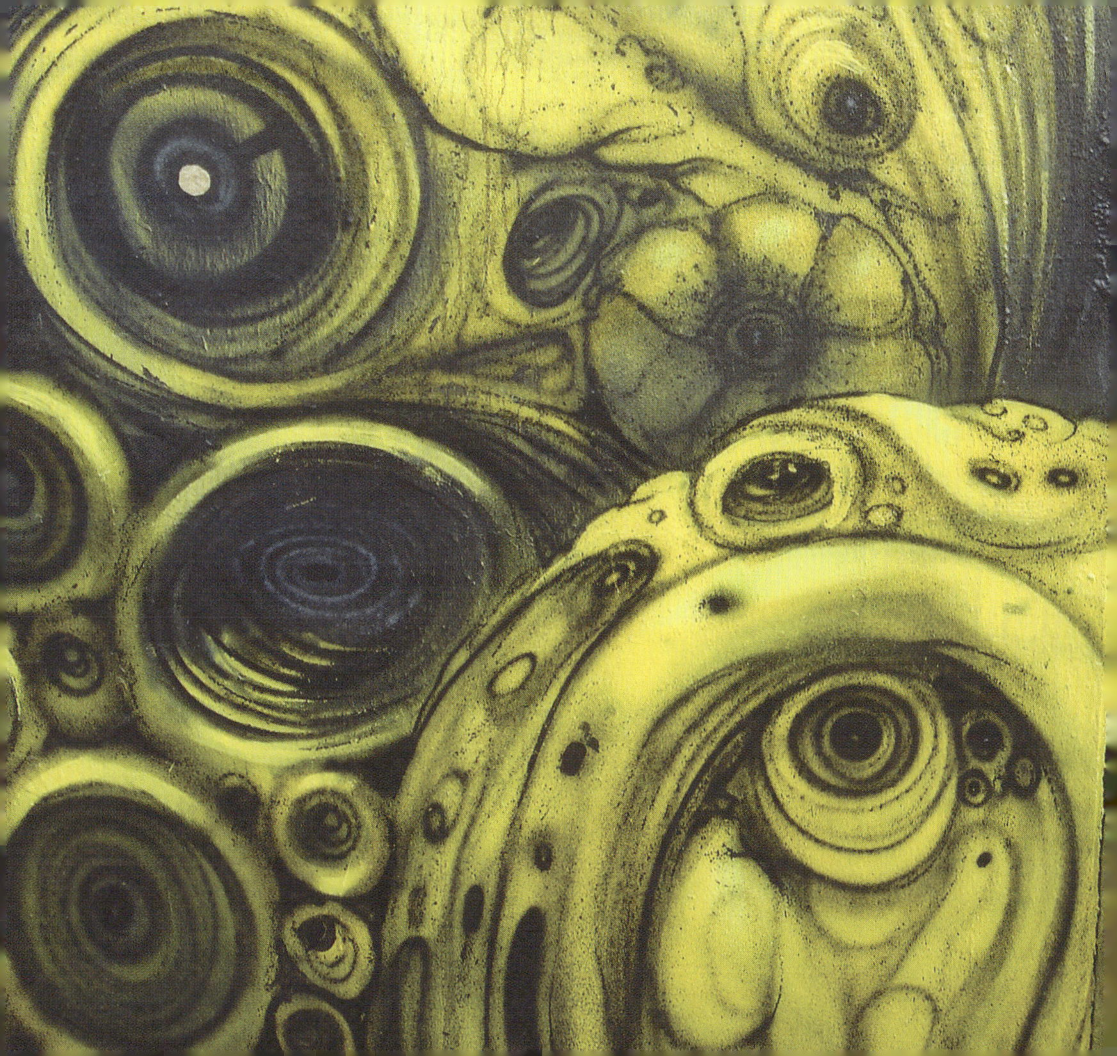

Sin título.
2006 Manchester.

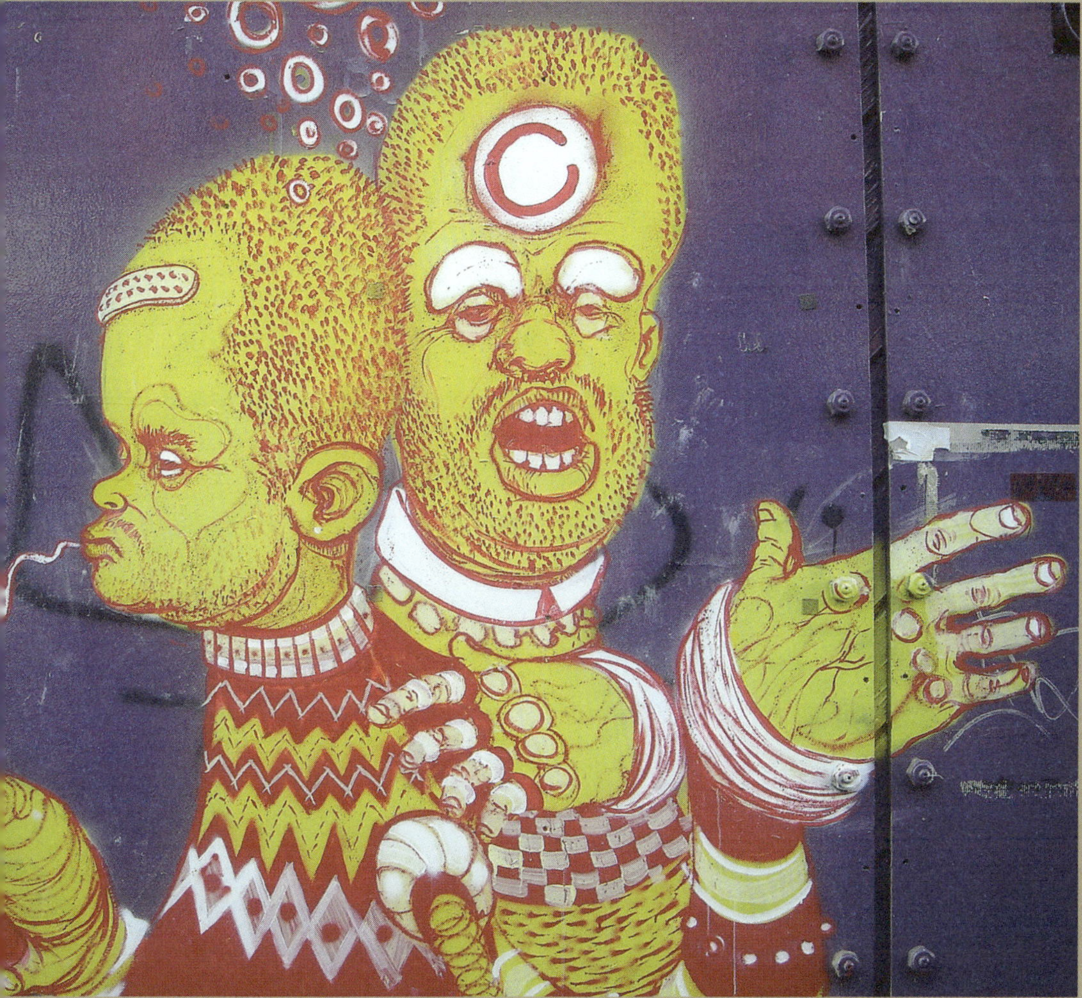

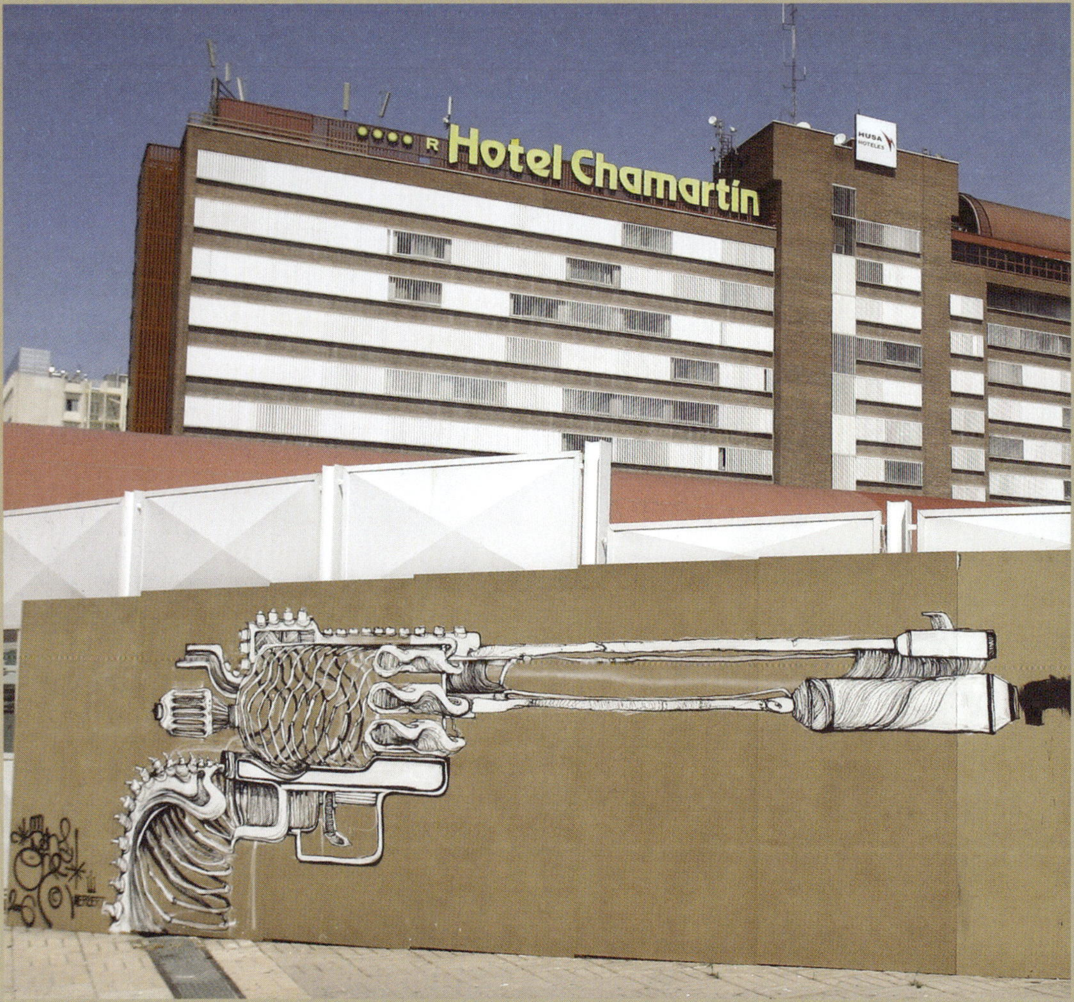
Hotel Chamartín
HUSA HOTELES

Sin título.
2006 DeciBelio Festival, Madrid.

sin título.
2004 Madrid.

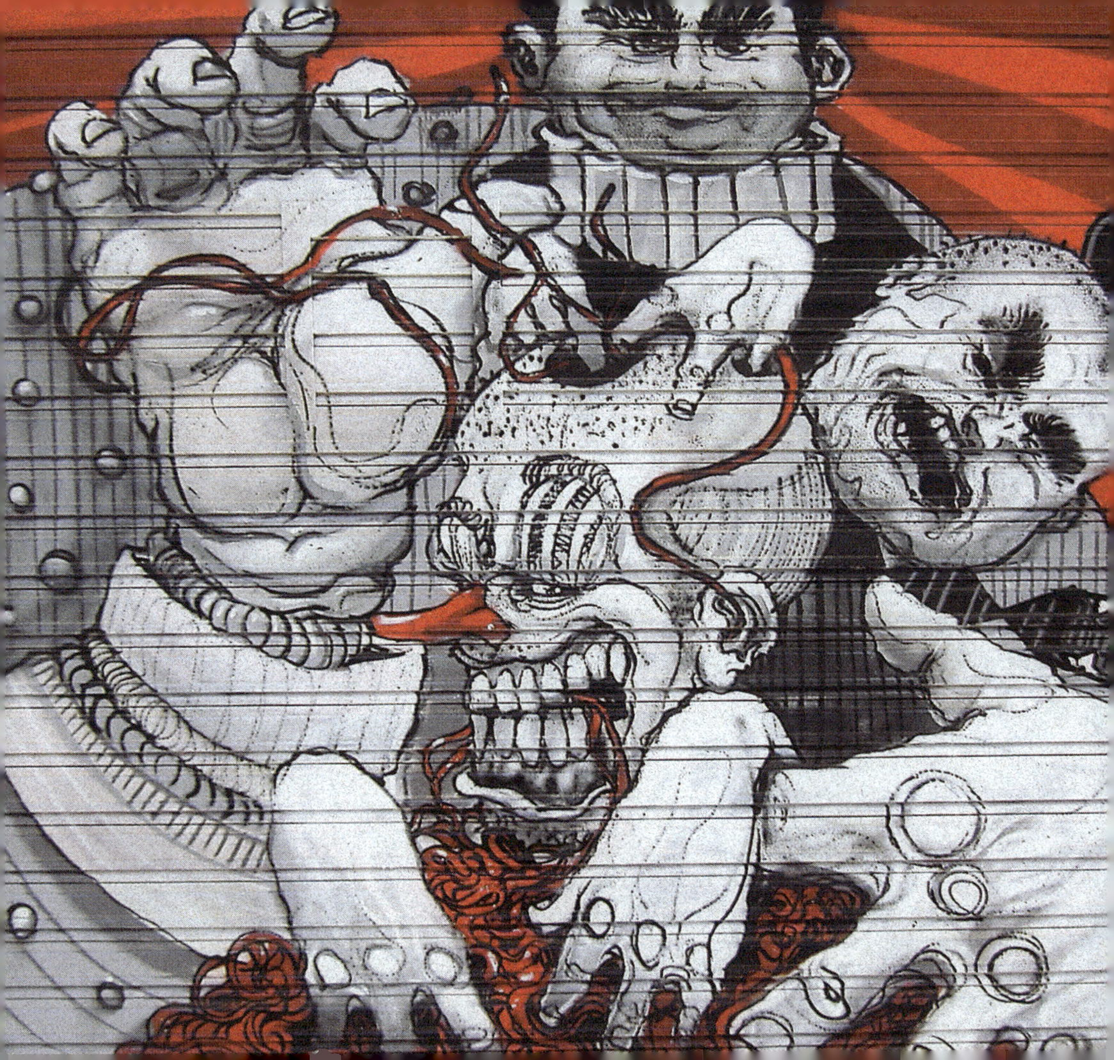

Sin título. con SLK.
2004 1ª Bienal de Sevilla.

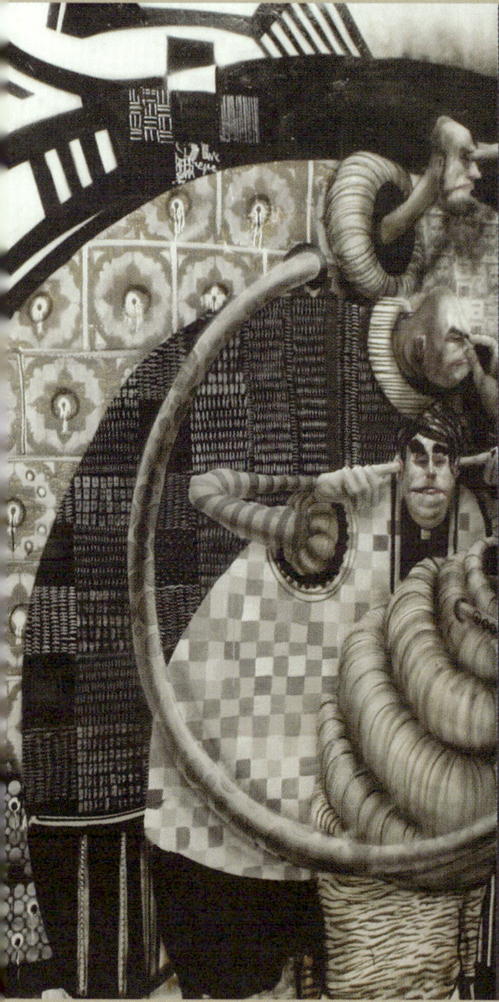

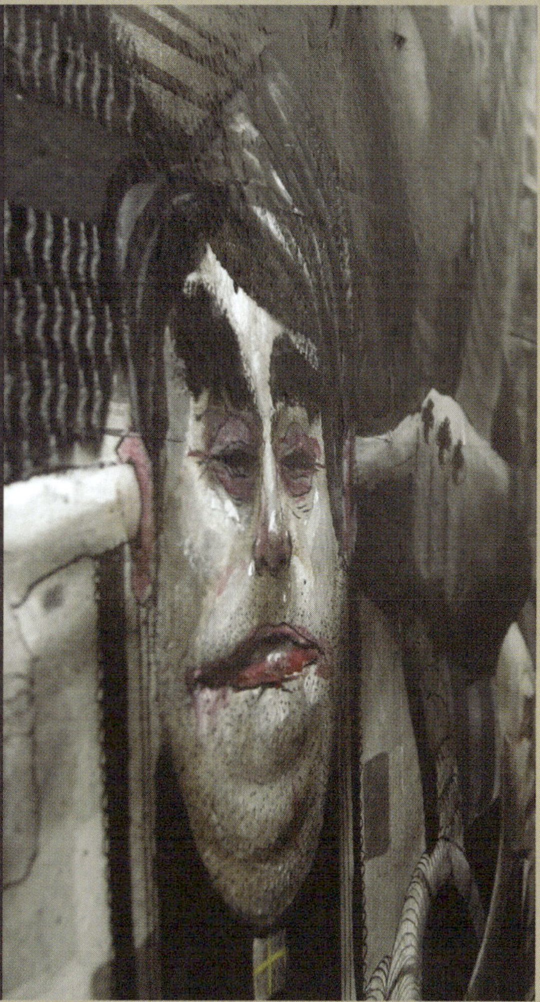

Sin título, con Logan y Ed
2005 Sevilla.

Sin título. con Logan.
2004. Sevilla.

sin título. detalle.
2005 Urban Art Festival, Gran Canaria.

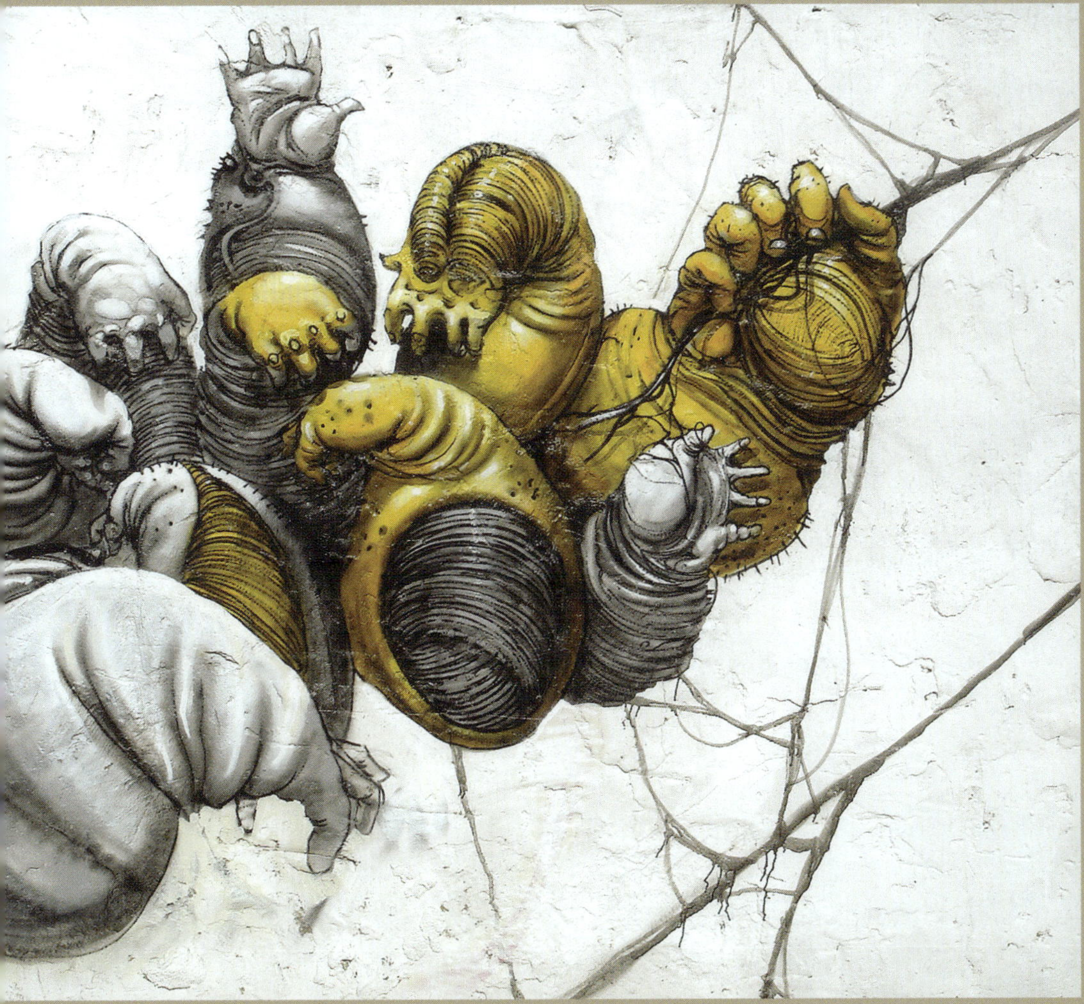

Sin título. con Dran y Sye.
2005 Urban Art Festival, Gran Canaria.

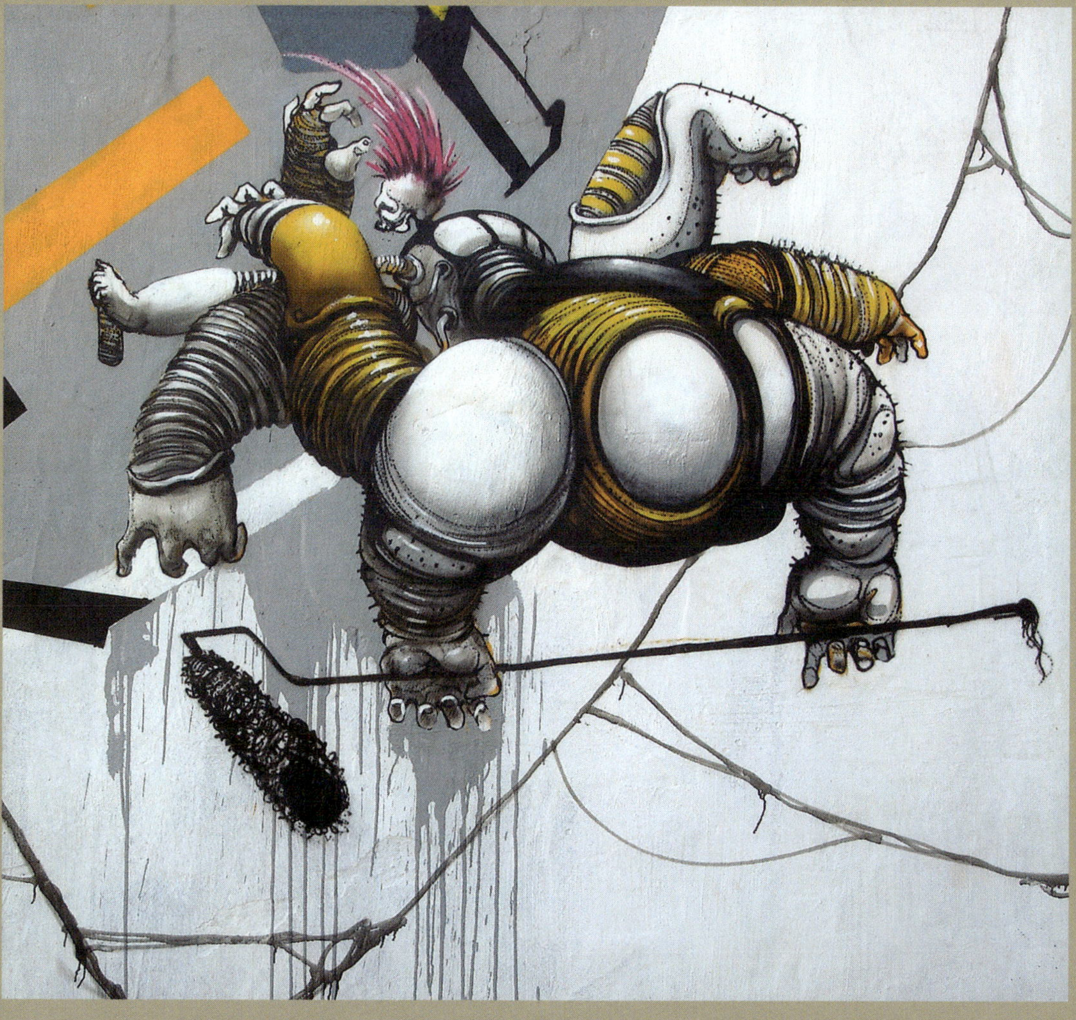

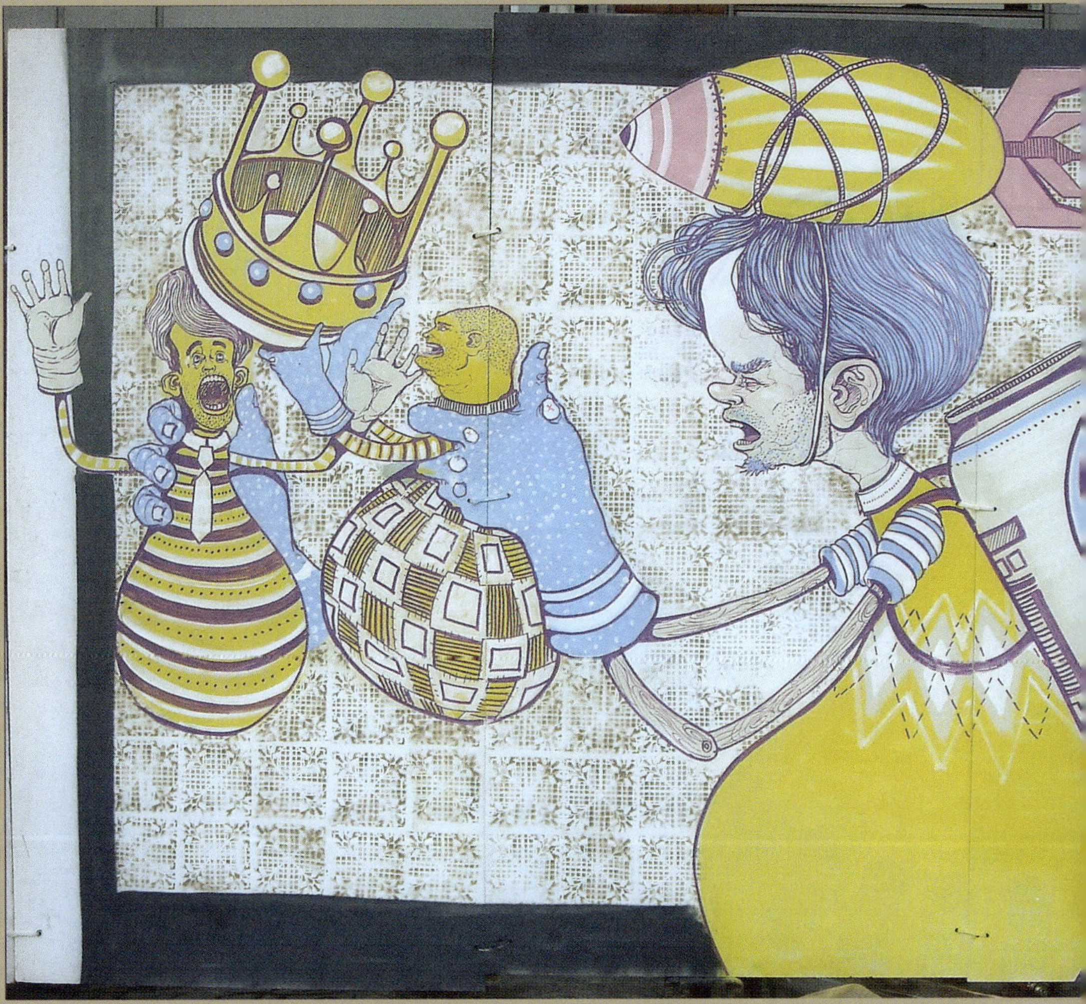

Sin Título. 2006 Dublin.

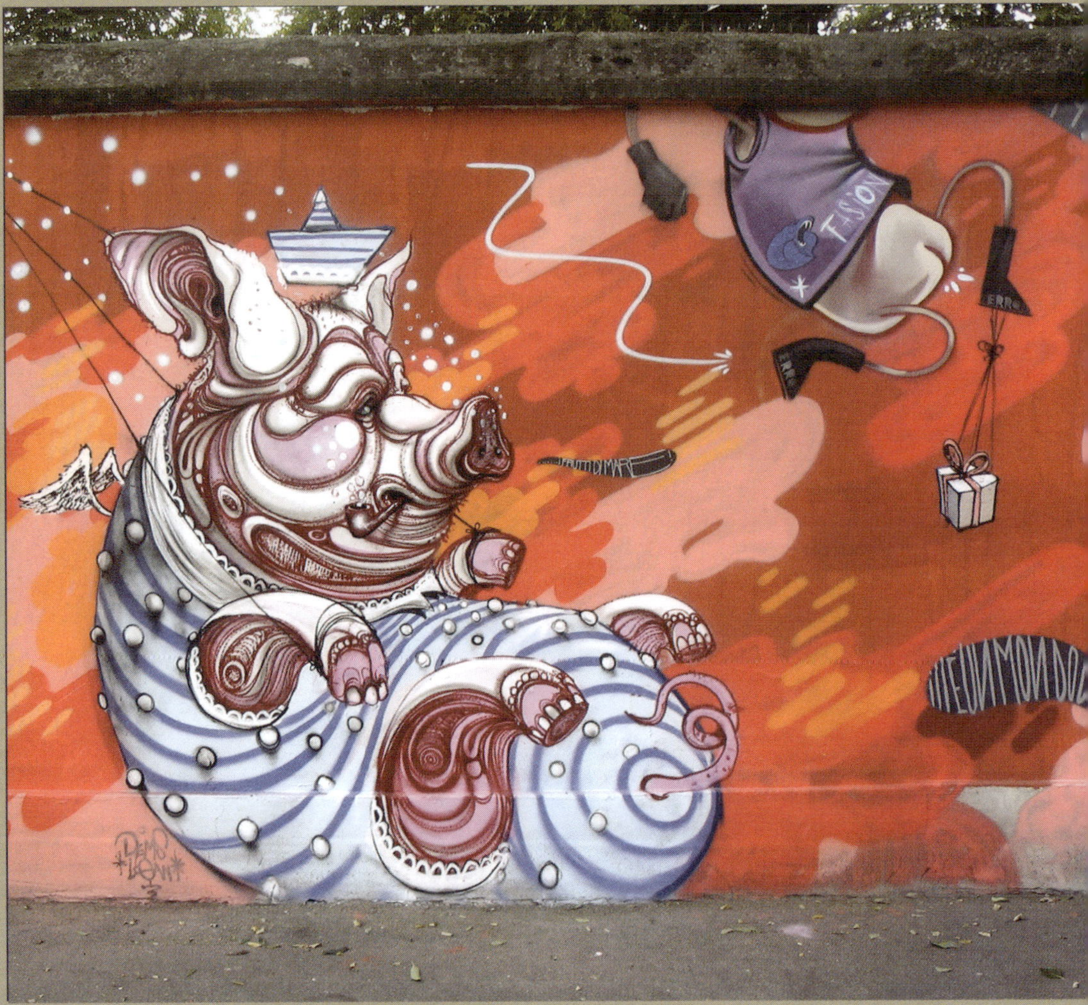
FASION

Sin título, con Escif. 2006 Turin.

Sin título. con Blu.
2006 Zaragoza.

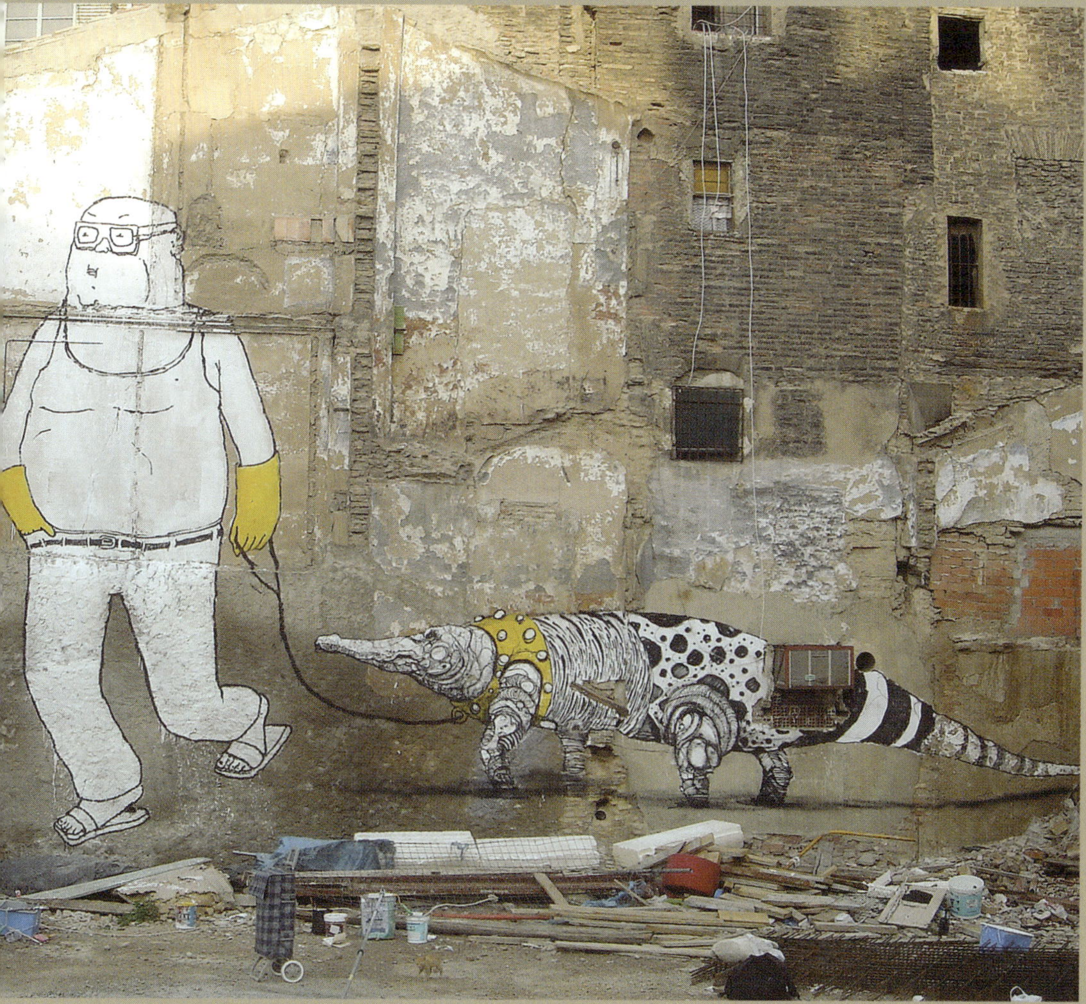

Sin título. con Blu y Satone.
2006 Valencia.

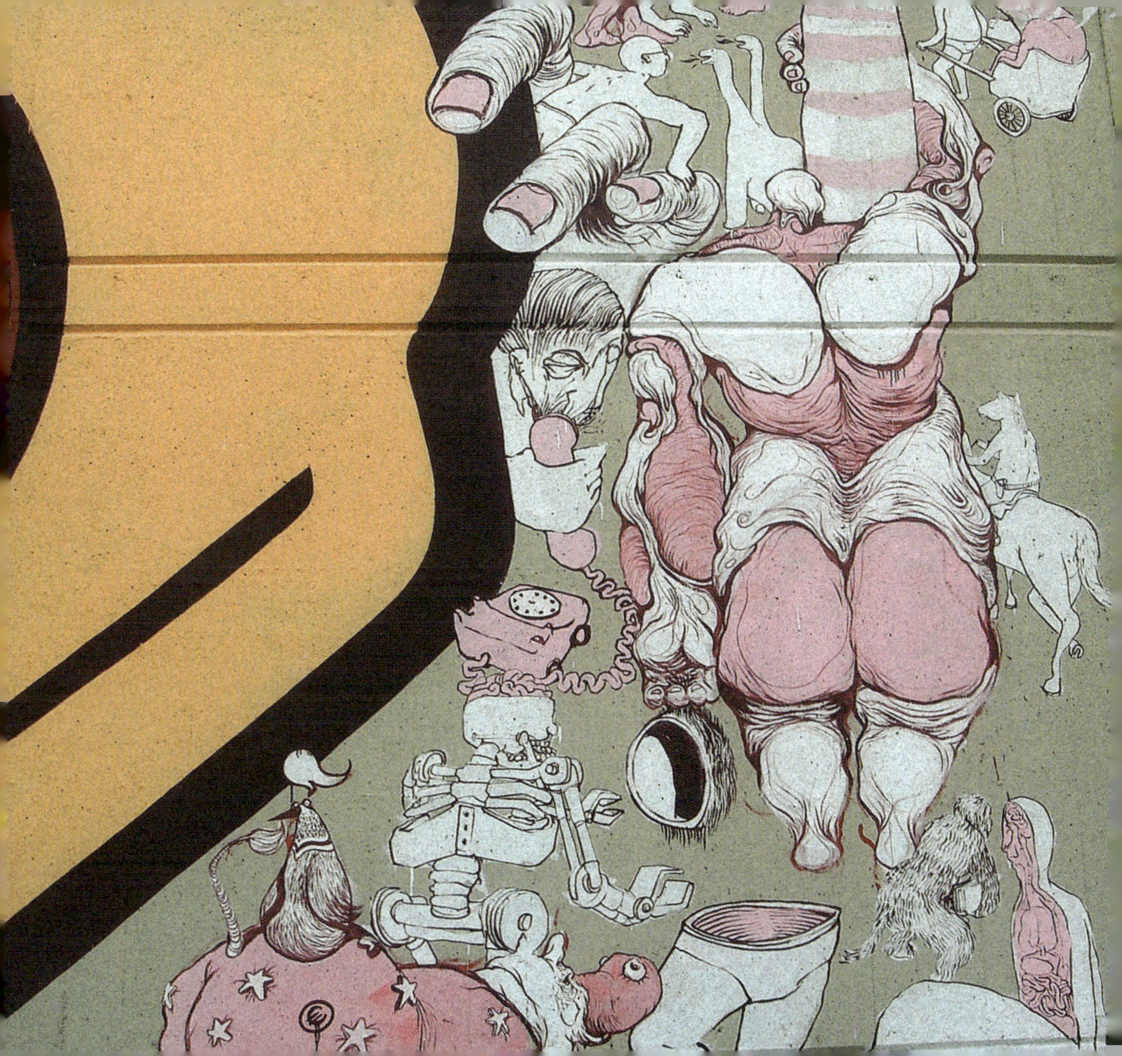

Sin título.
2004 Carcel de Carabanchel, Madrid.

Sin título, con Blu y Boscho García. 2006. Zaragoza.

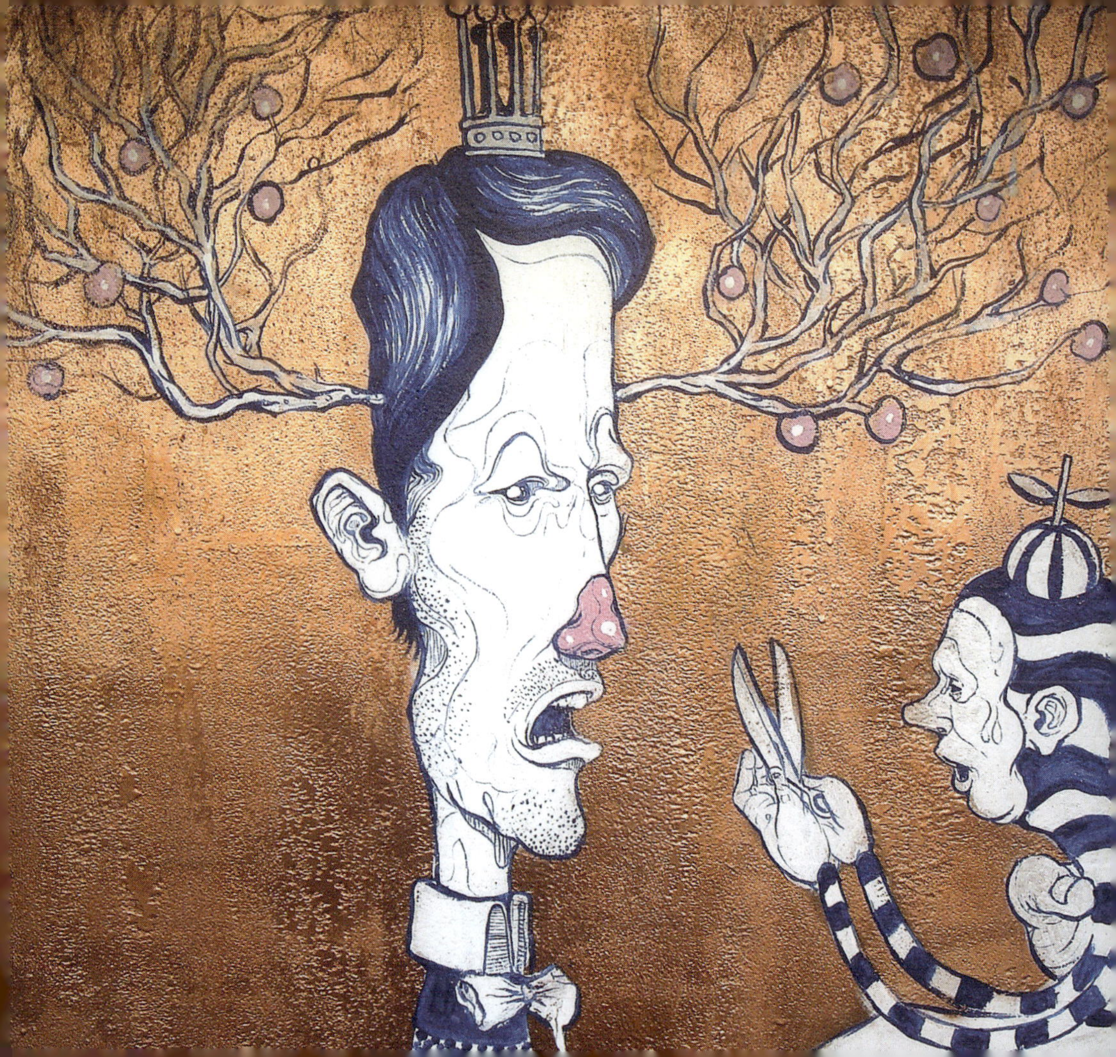

sin título. 2007 Moraleja.

Sin título.
2006 Moraleja.

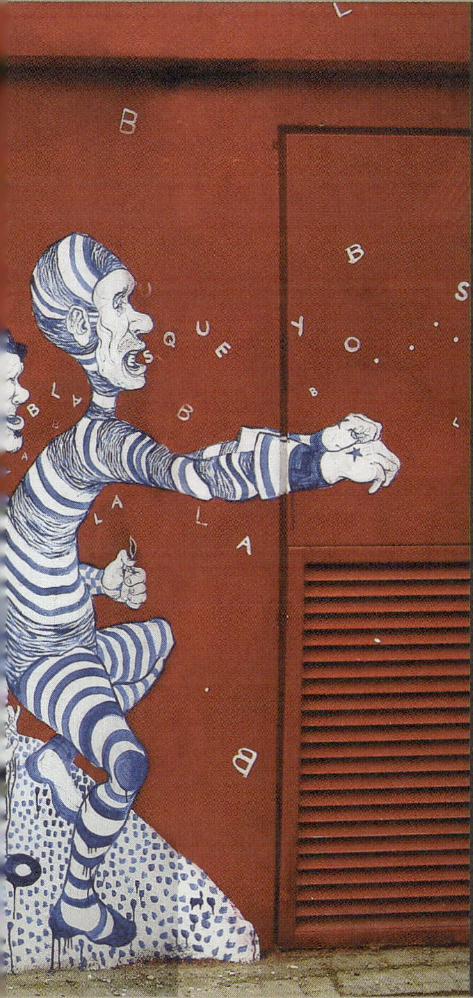

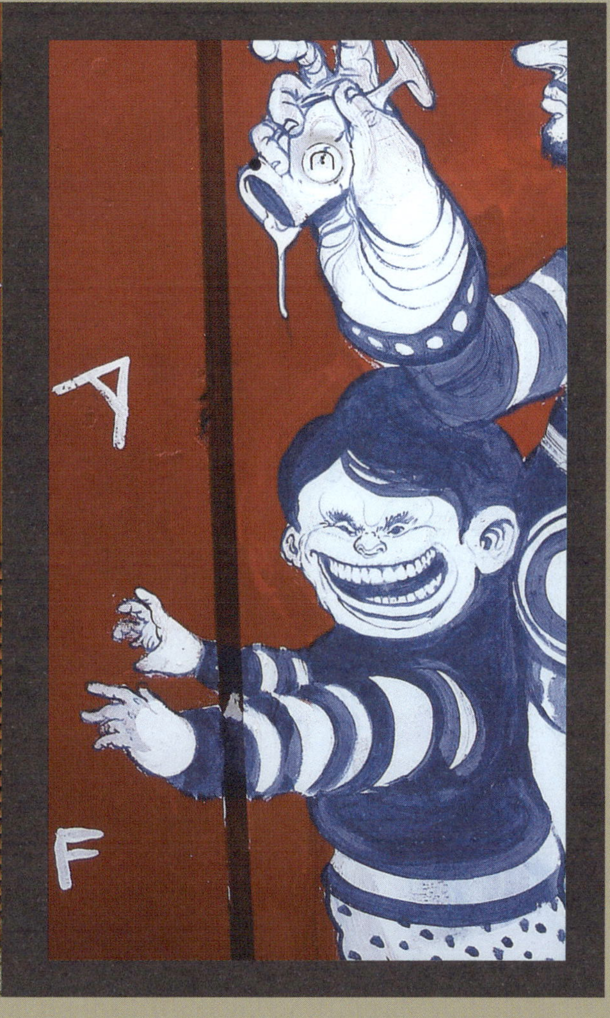

CAOS

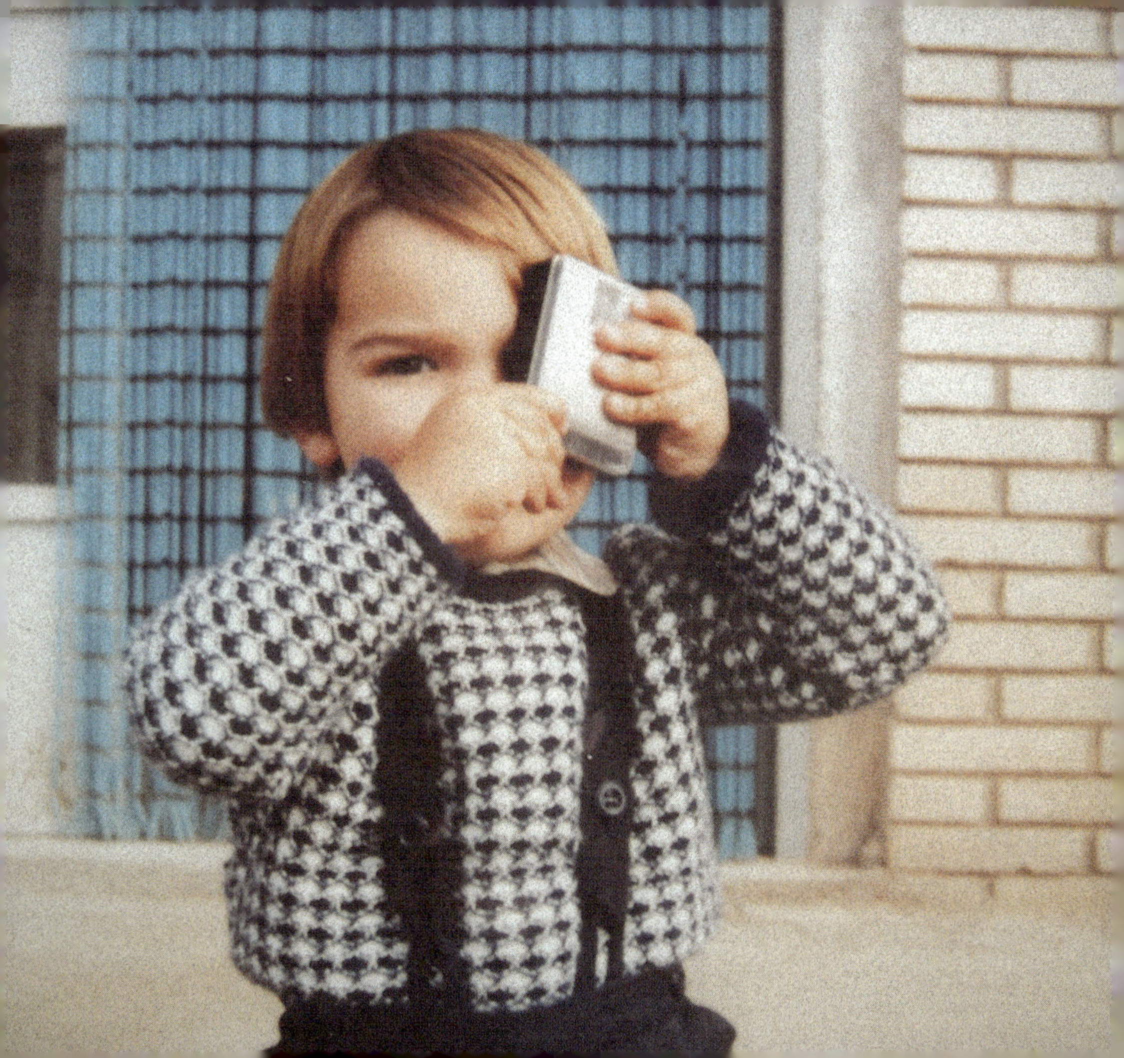

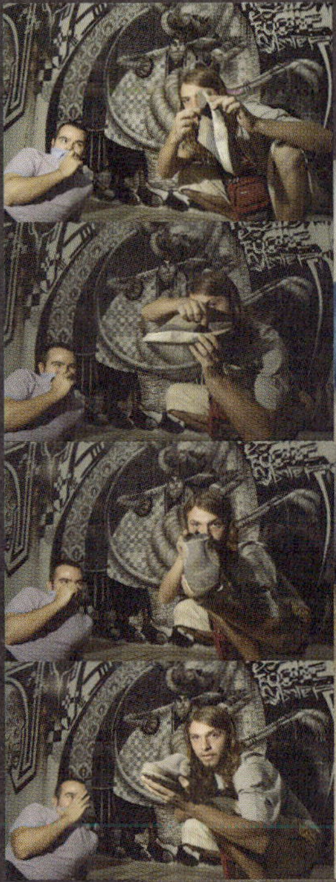

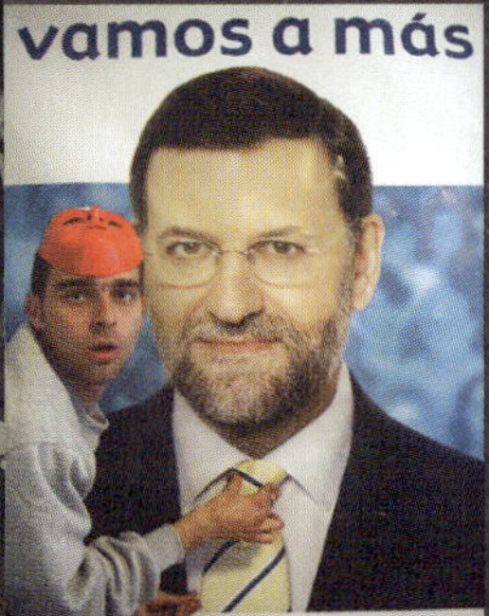
vamos a más

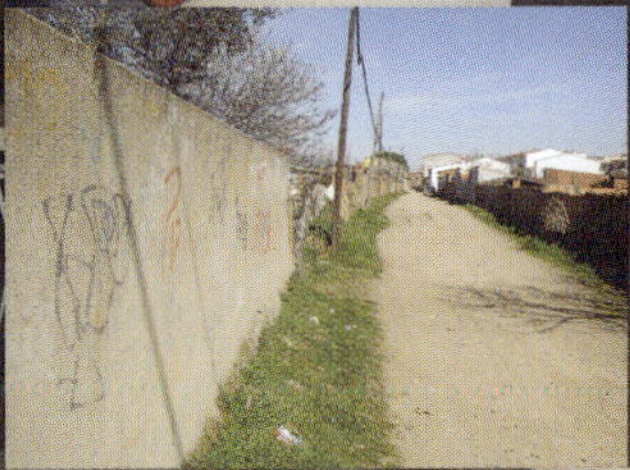

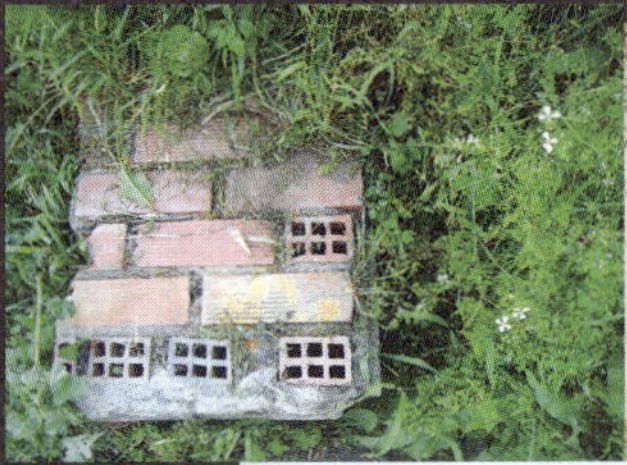

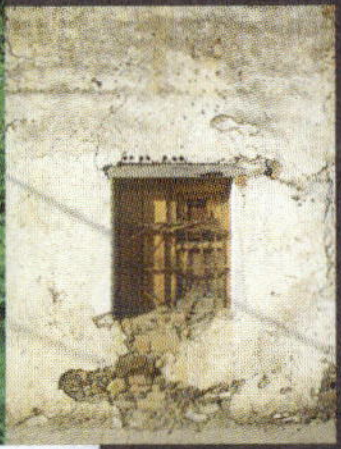

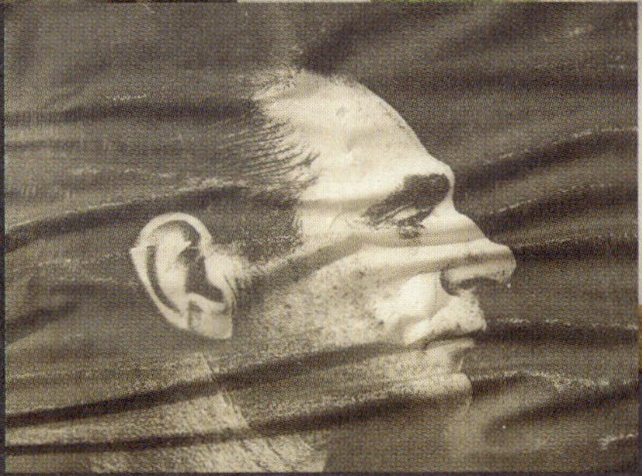

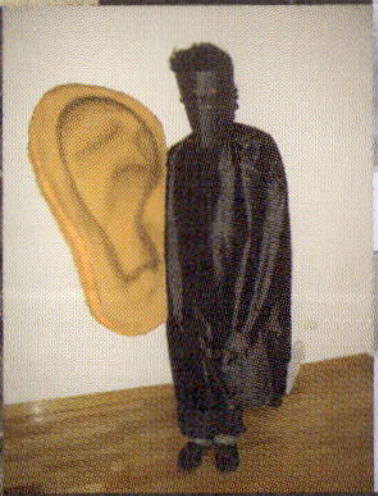

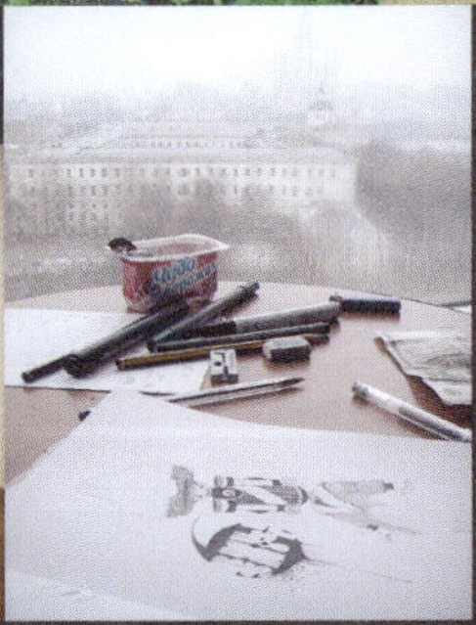

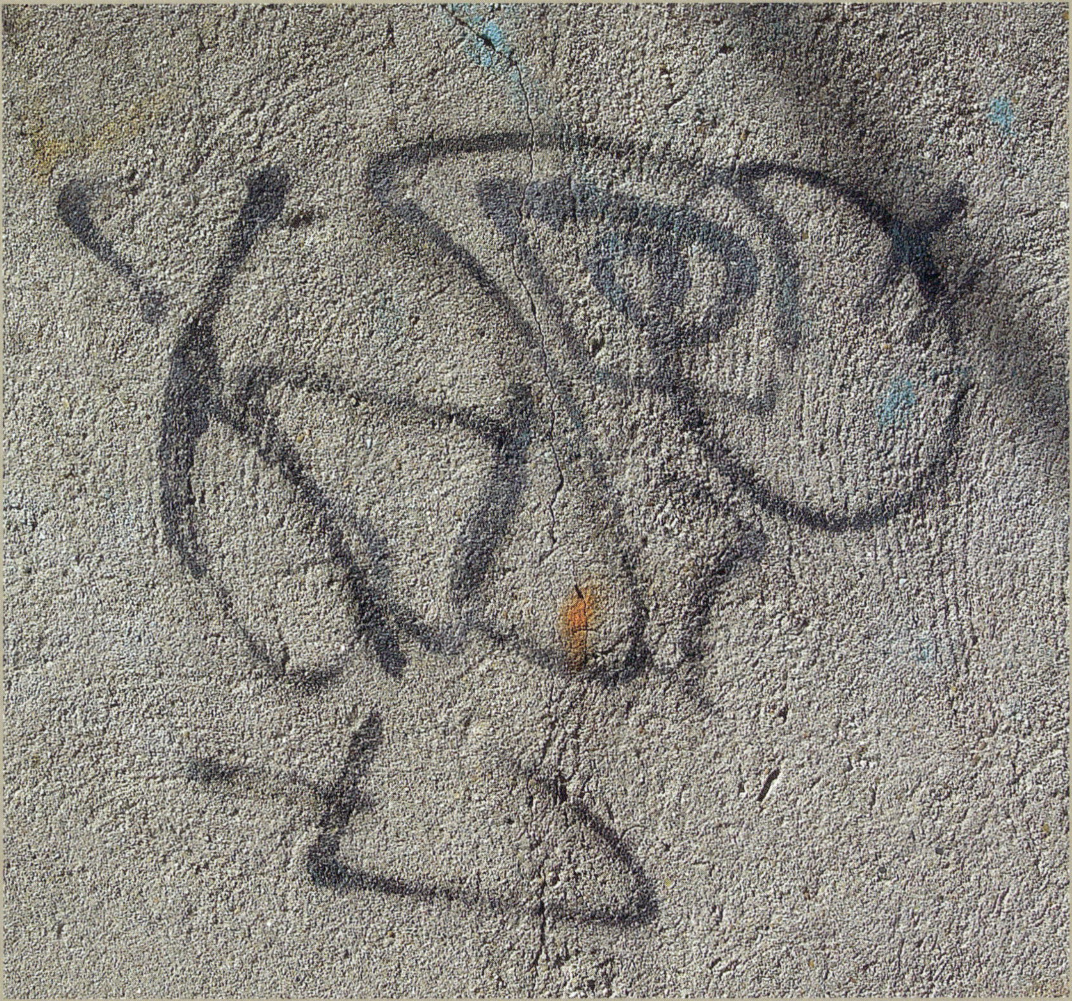

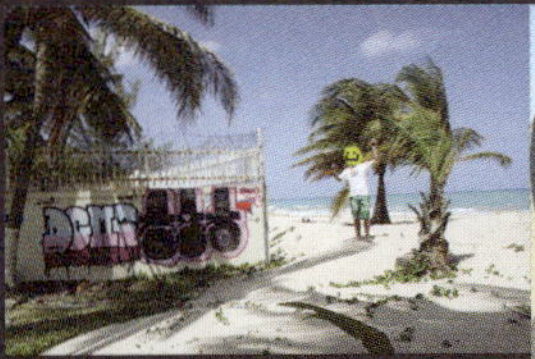
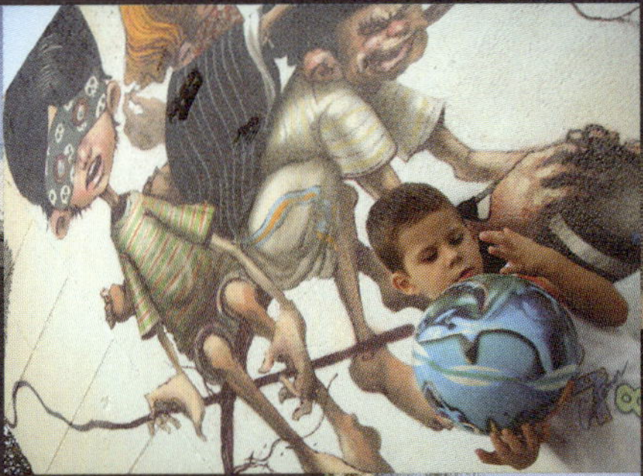
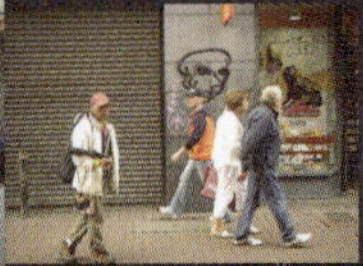
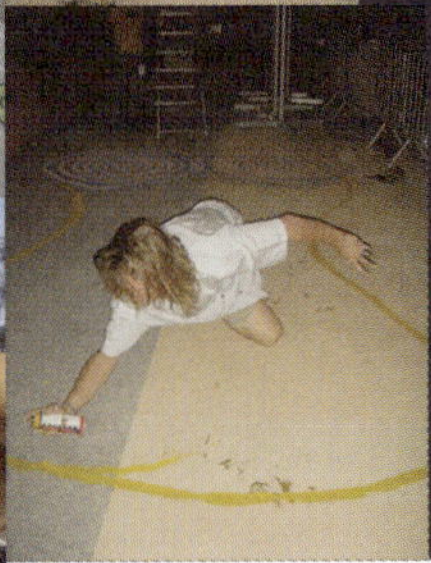
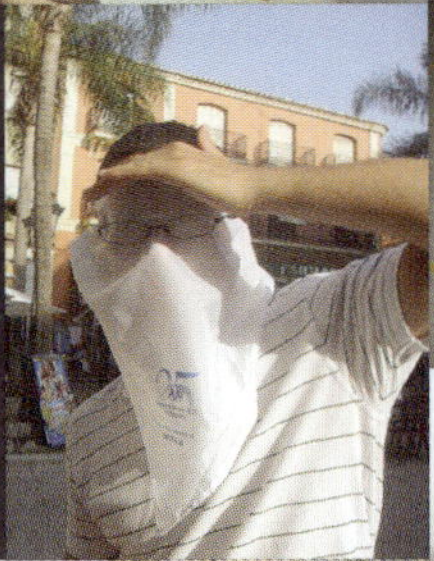
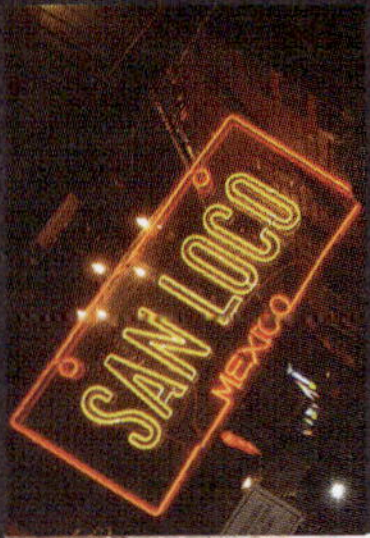
SAN LOCO
MEXICO
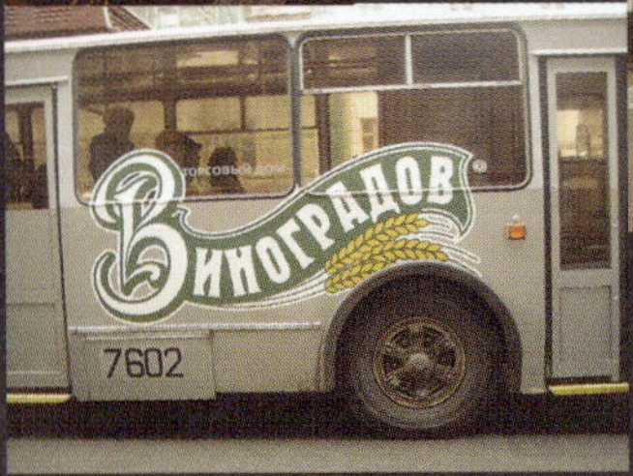
Виноградов
7602
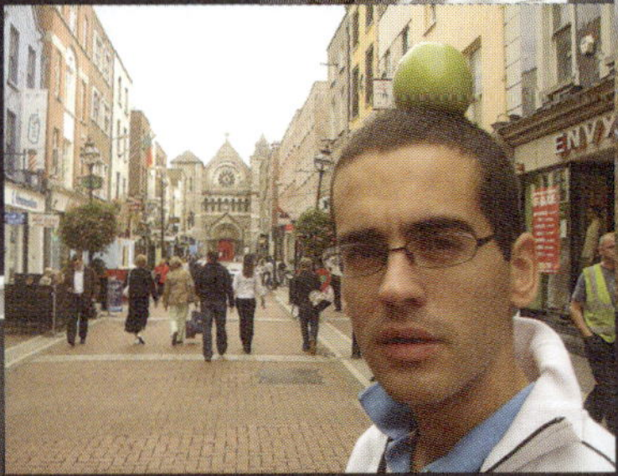
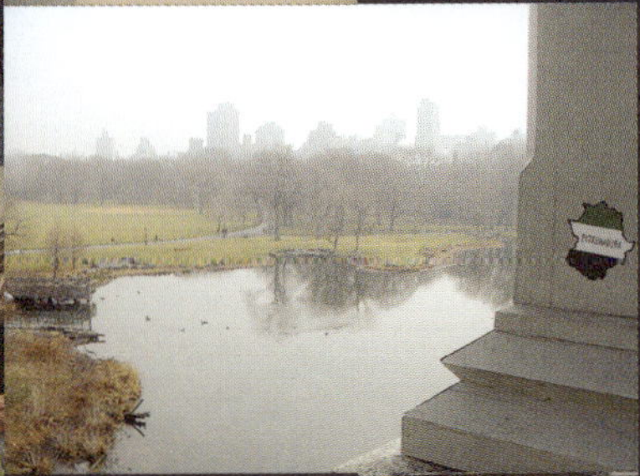
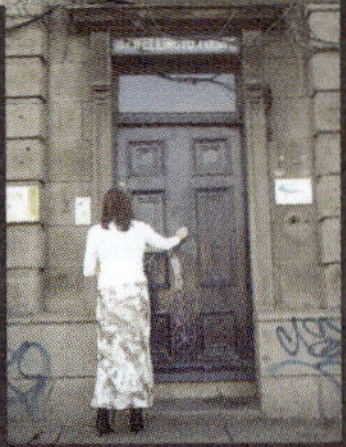

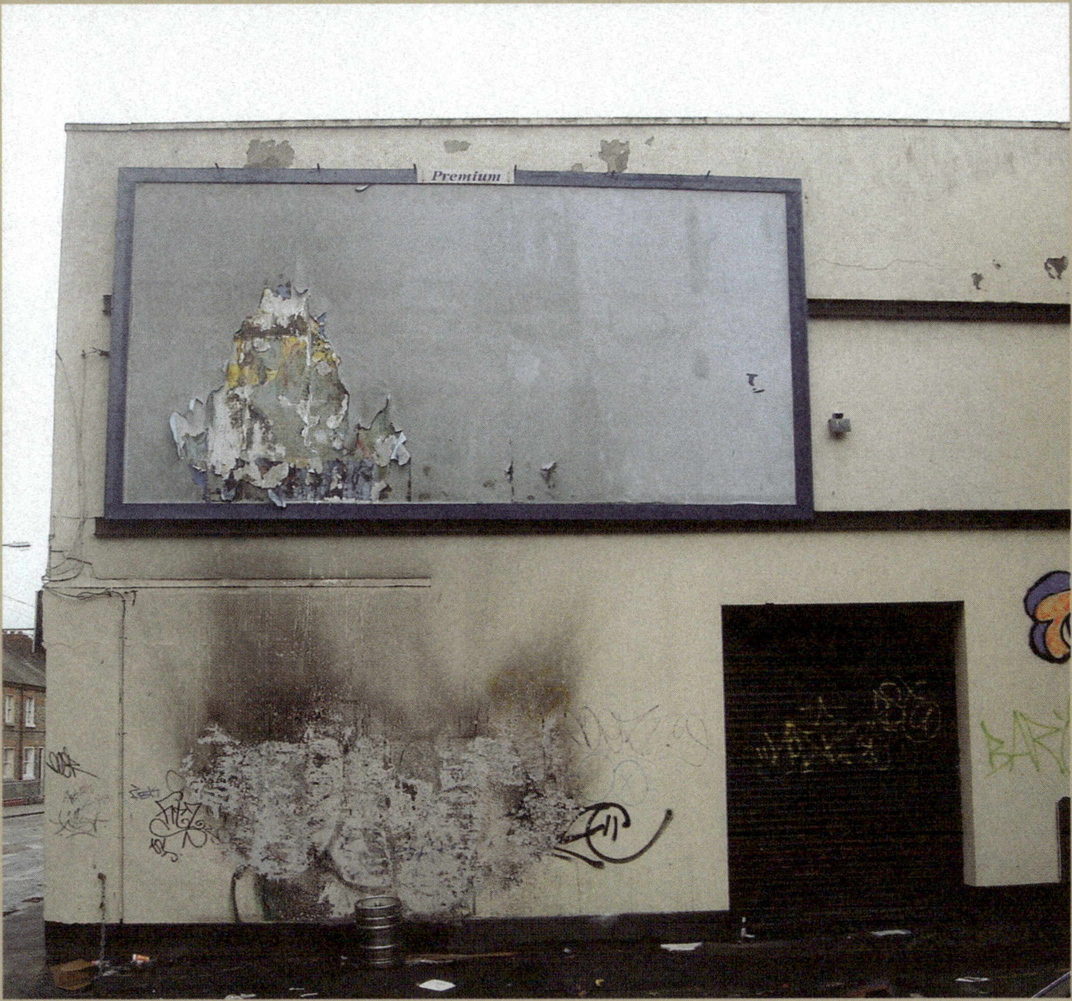
Premium

THE
Warriors
HELLO

Ajuntament de Barcelona
PROHIBIT L'ENTRADA I US D'INSTRUMENTS DE PERCUSSIÓ, ALTAVEUS I AMPLIFICADORS EN TOT EL PARC.
Art. 28 Ordenança Via Pública
Parcs i Jardins

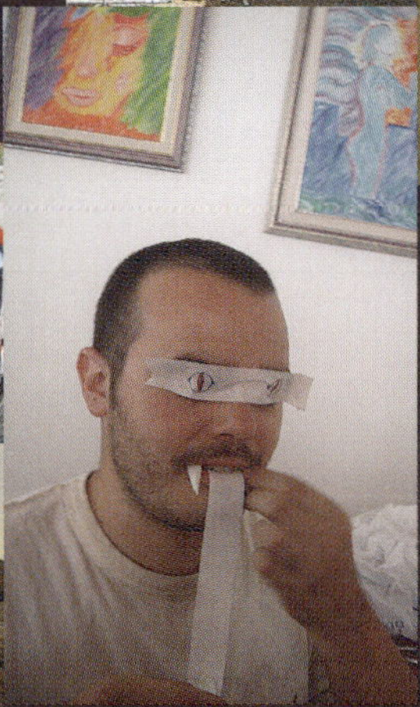

FRUTAS Y VERDURAS
RIEGO
PLATANOS SELECTOS

HONGOS DE EXTREMADURA

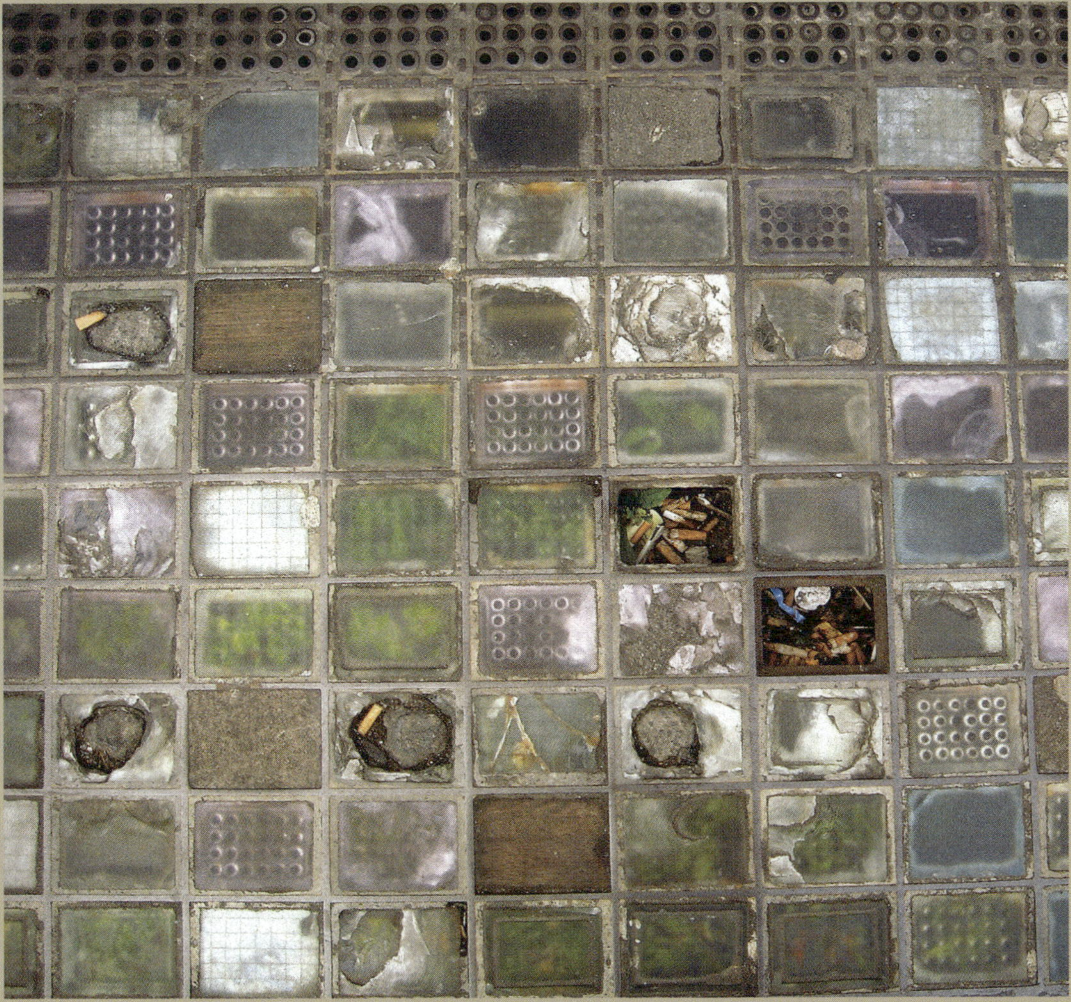

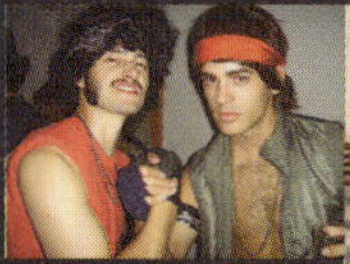
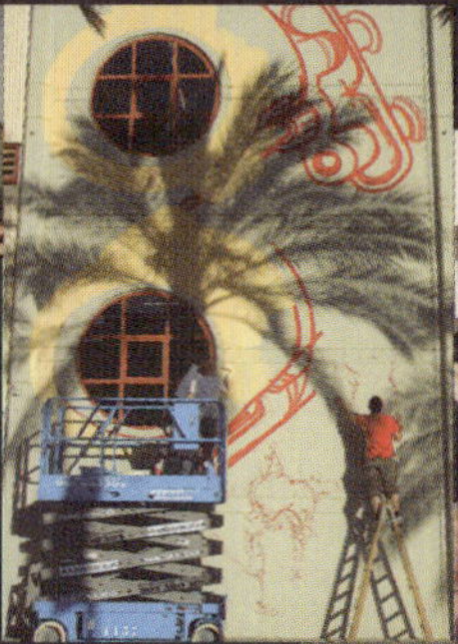
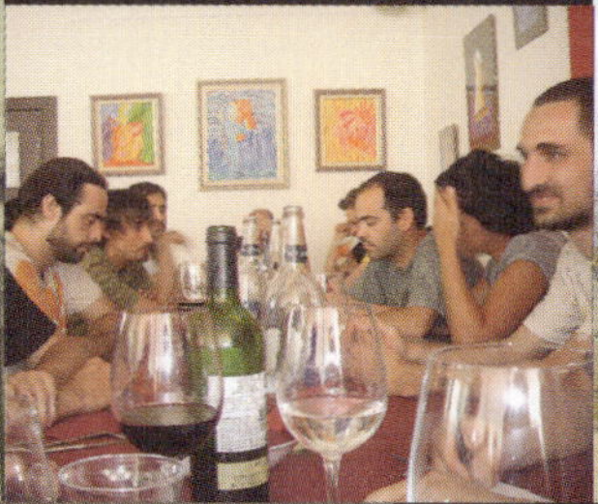
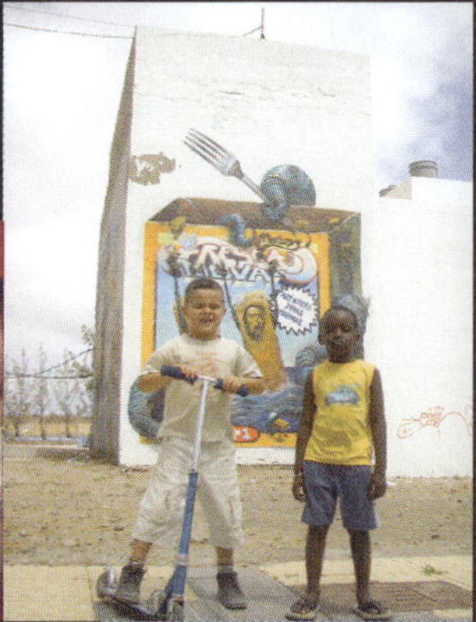
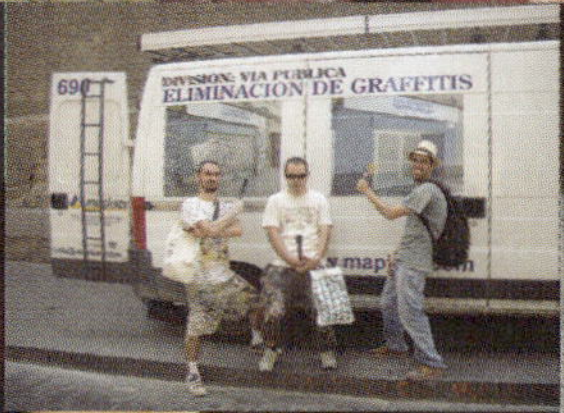
690
DIVISION: VIA PUBLICA
ELIMINACION DE GRAFFITIS
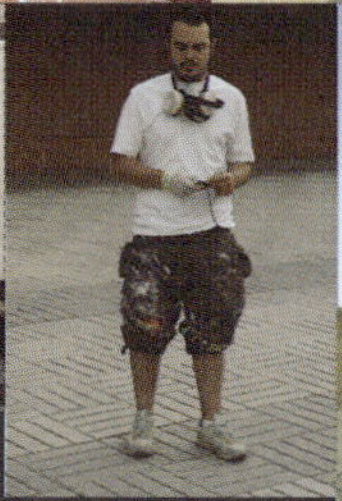
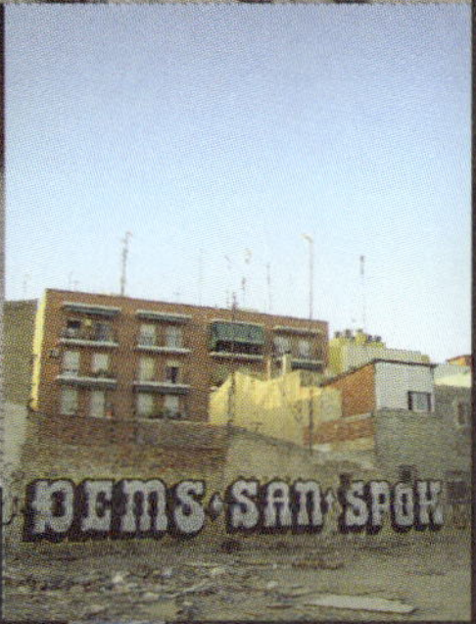
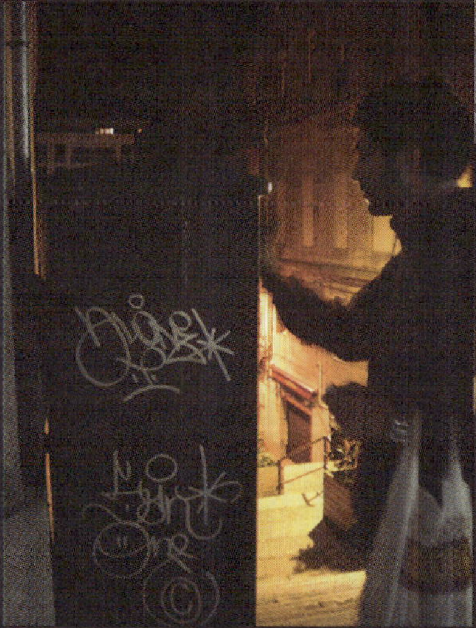
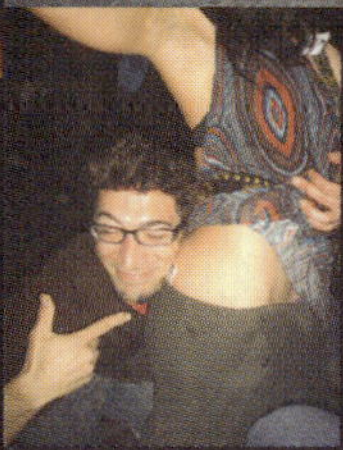
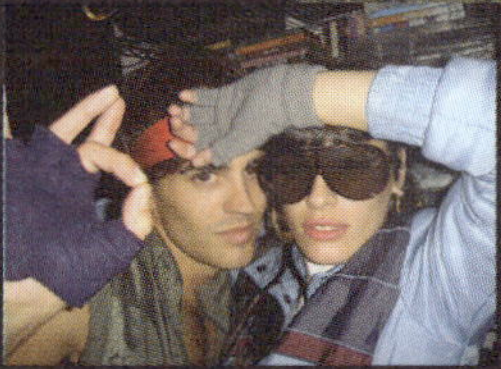

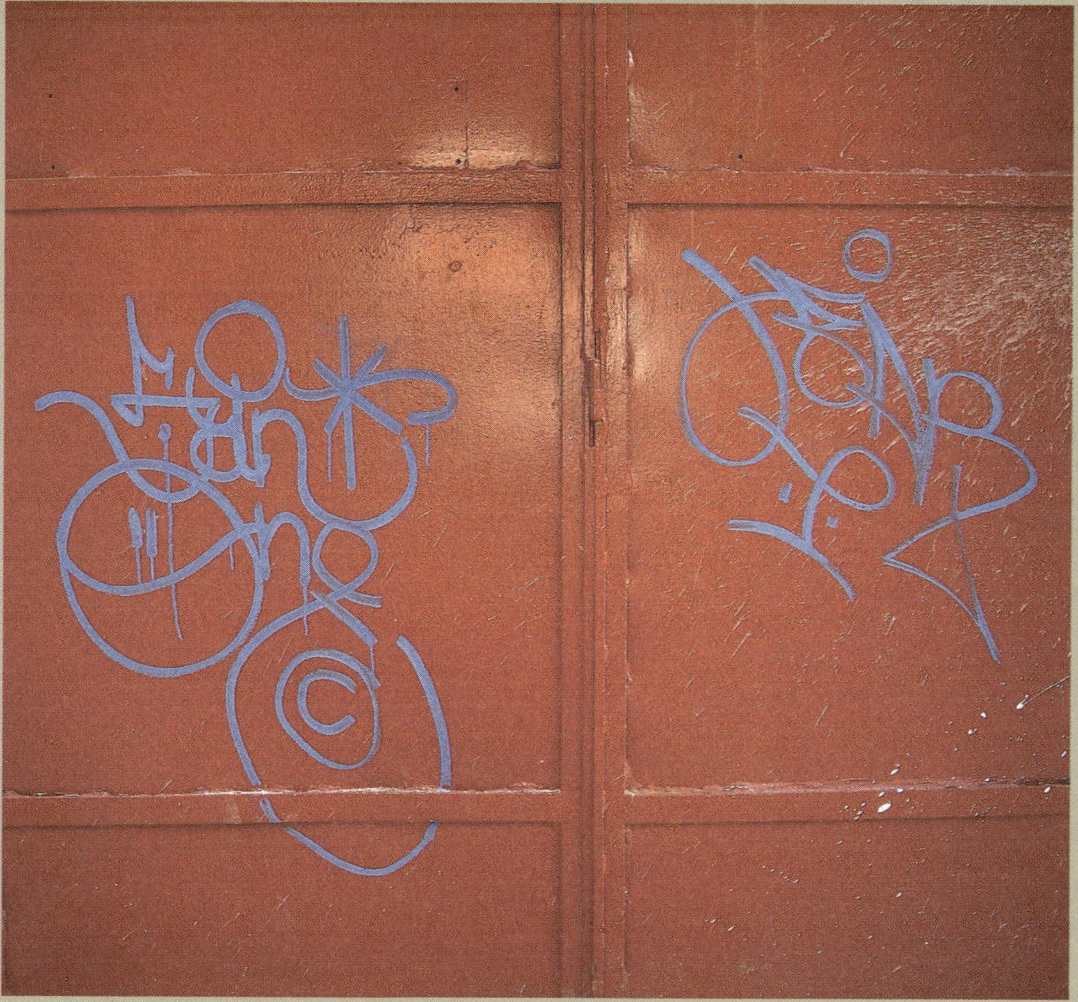

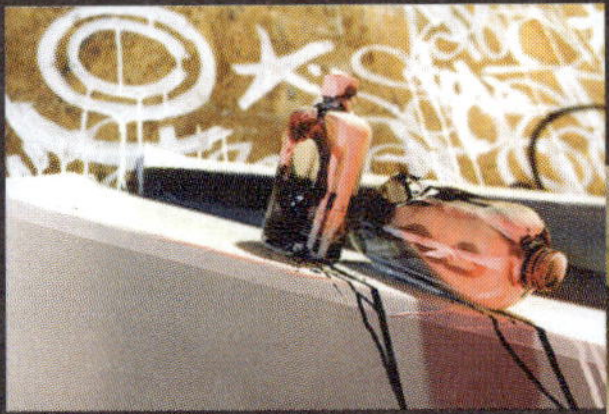

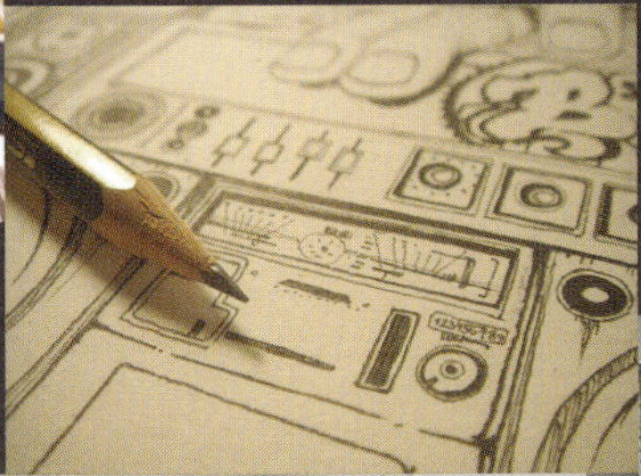

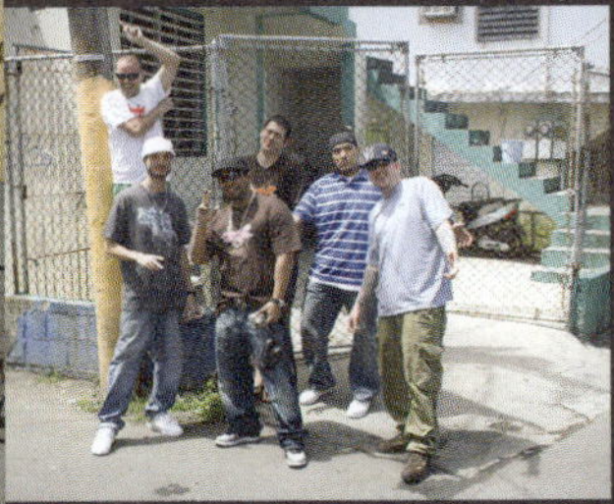

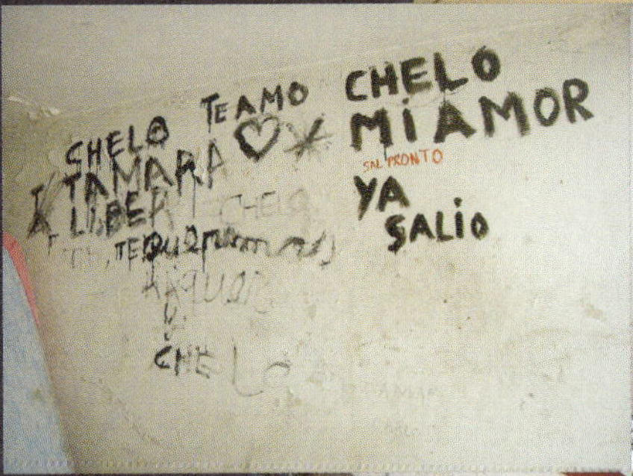
CHELO TE AMO
CHELO
MI AMOR
TAMARA
SAL PRONTO
YA
SALIO

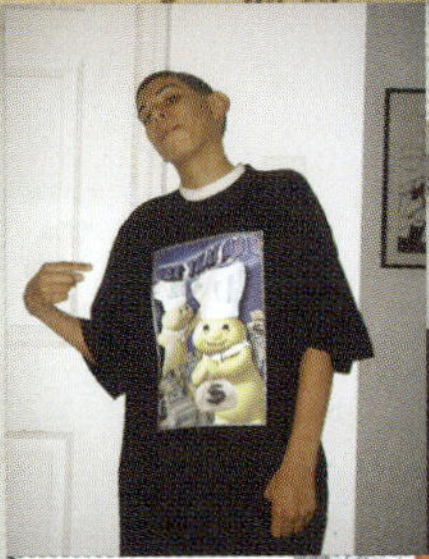

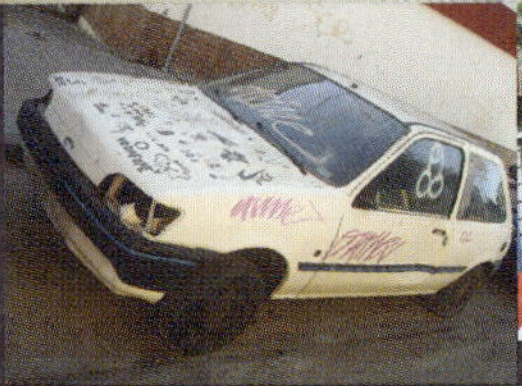

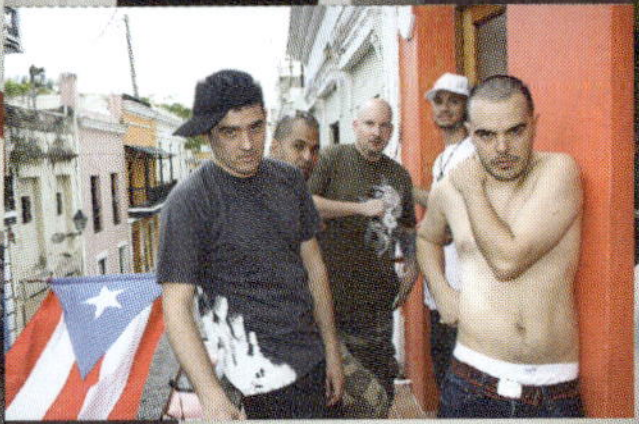

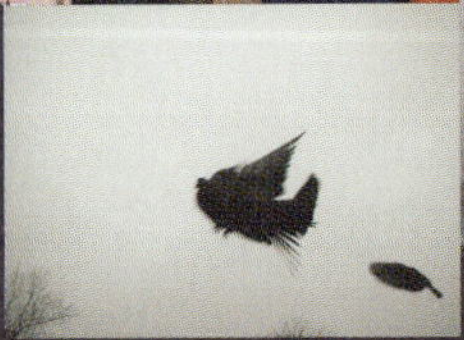

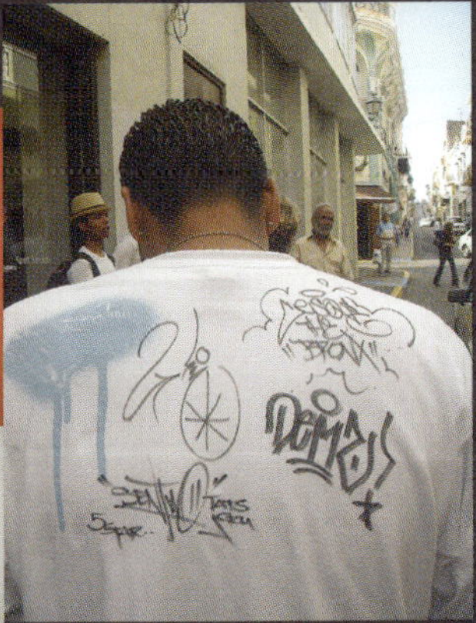

RO
La Opinión
MARTIN DE VAL
www.festiv
TRATOS
ENCIA DE GENERO
Comarcal para la Erradicación de
CREA ON DE
G BACIÓN
MILA

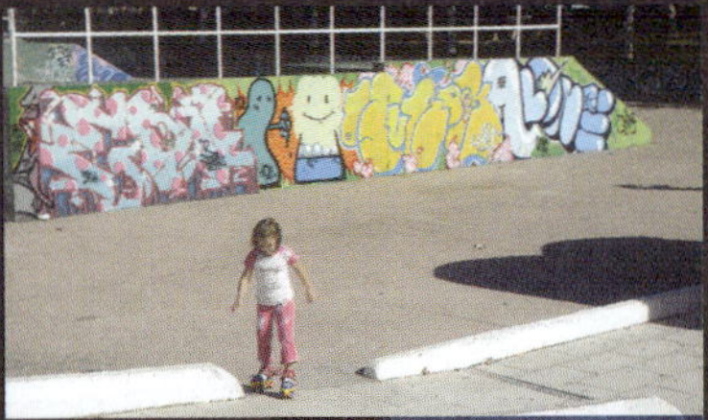

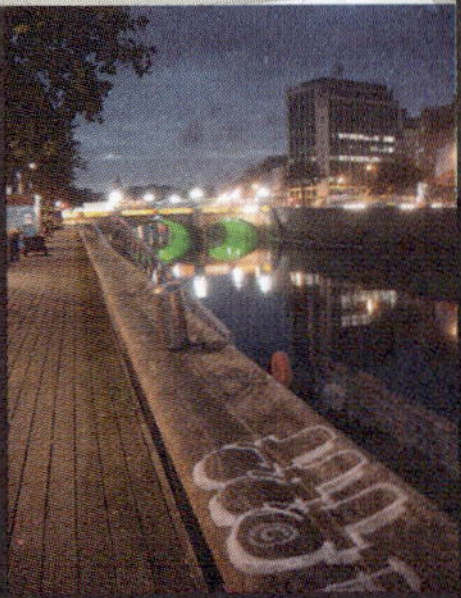

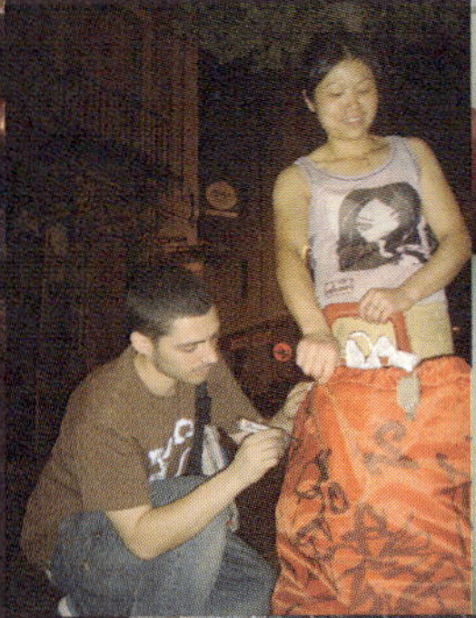

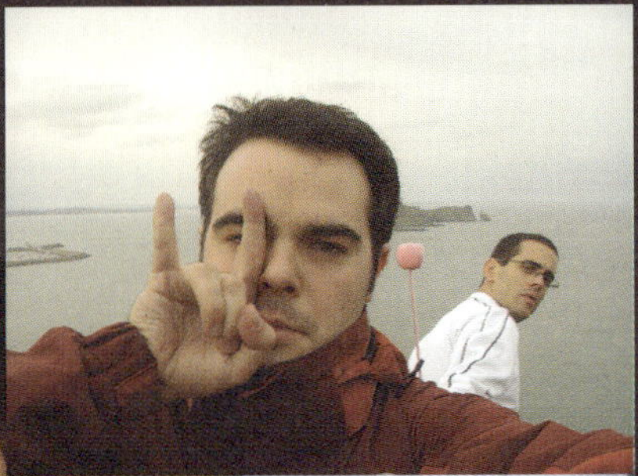

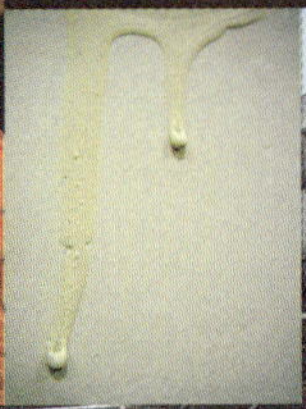

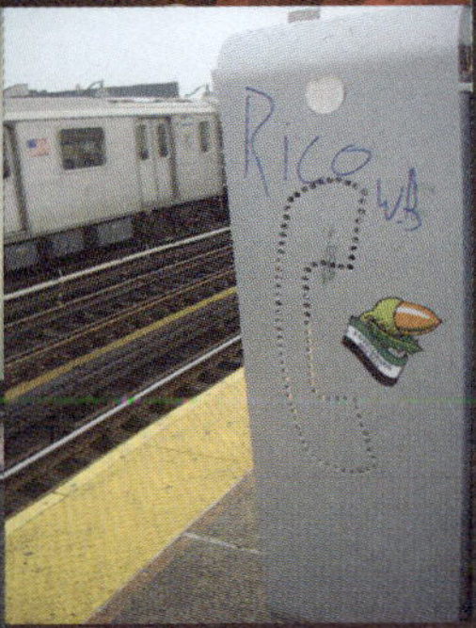
RICO

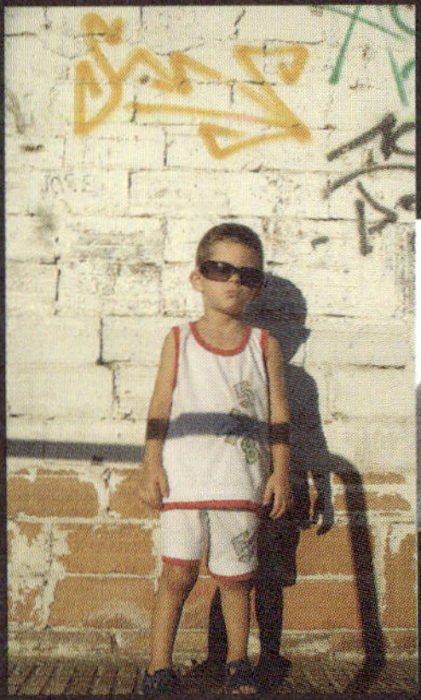

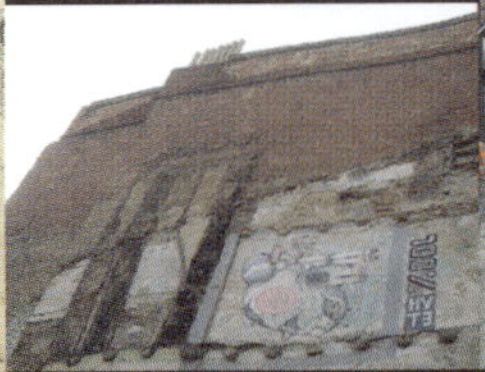

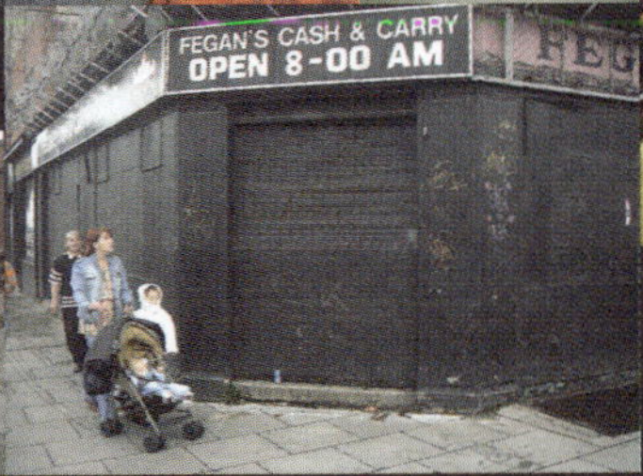
FEGAN'S CASH & CARRY
OPEN 8-00 AM

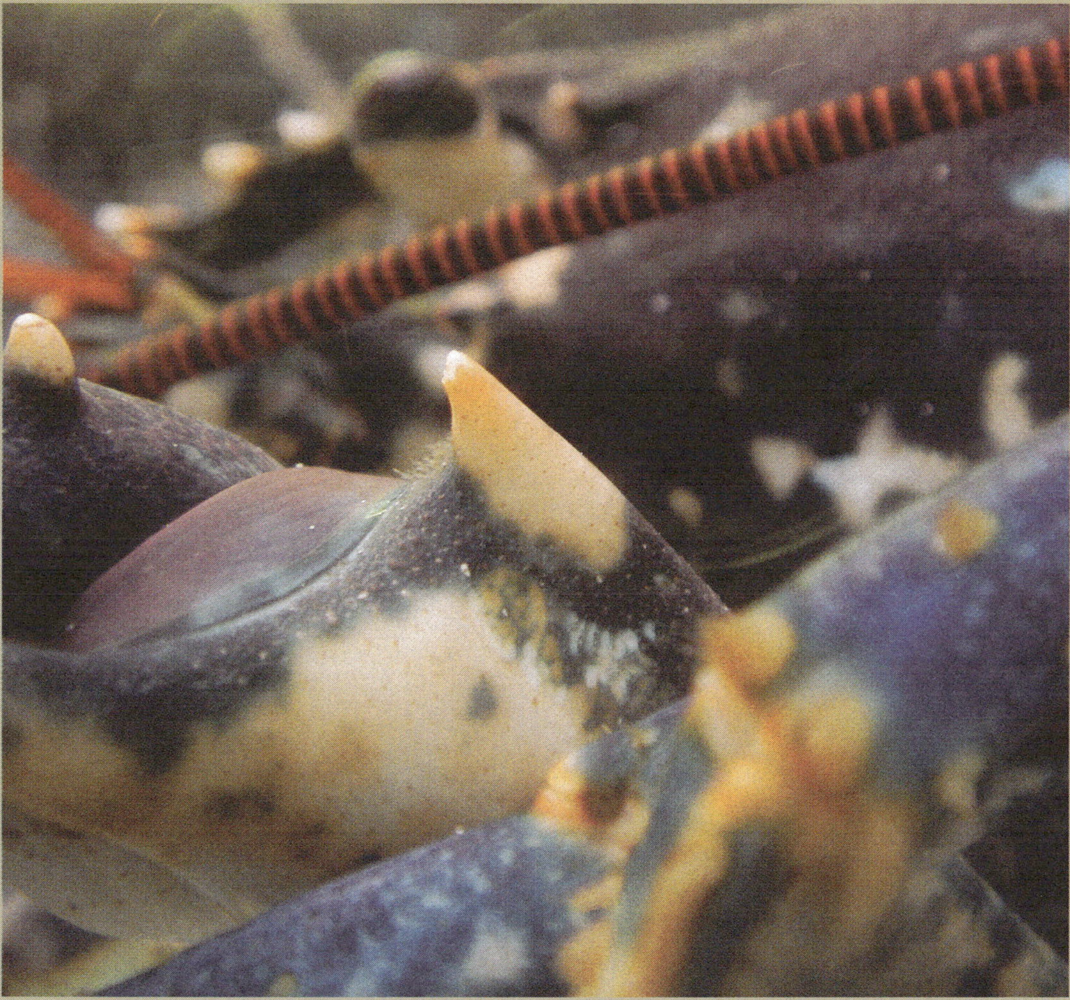

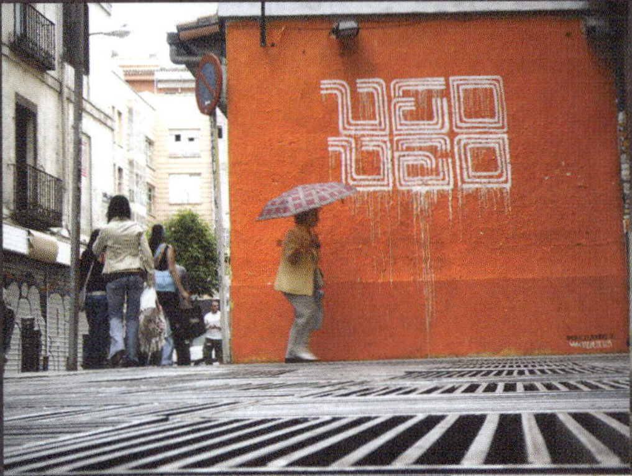

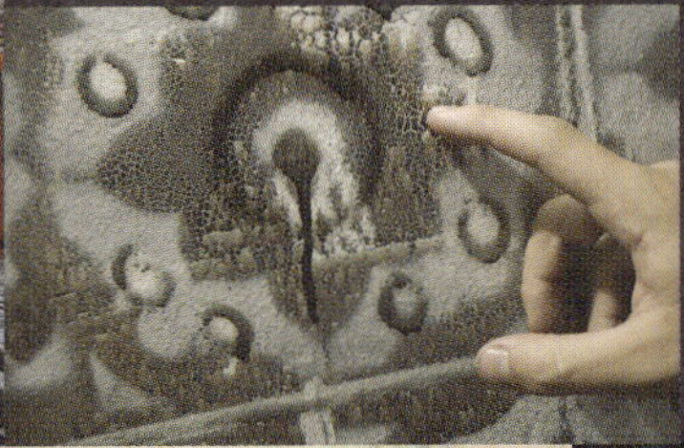

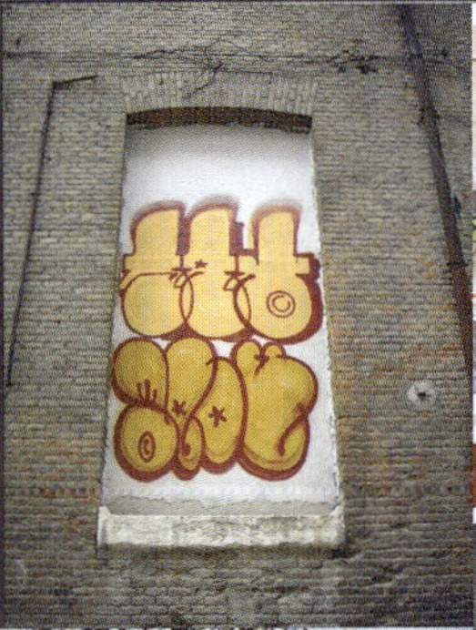

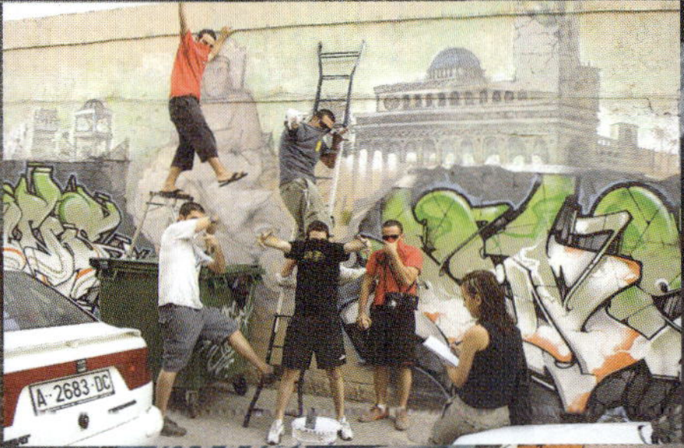
A-2683-DC

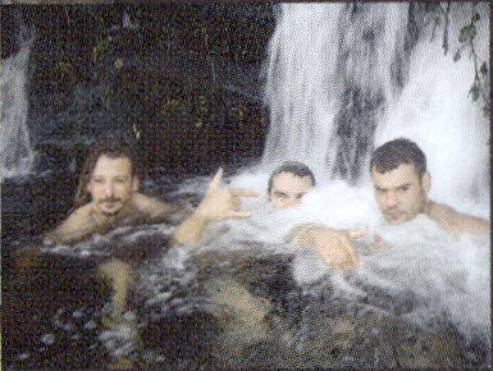

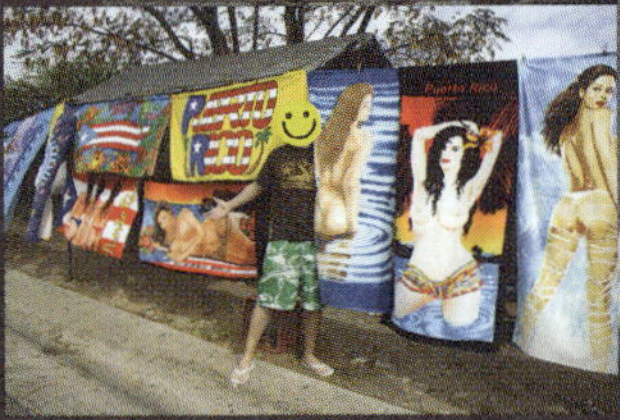
Puerto Rico

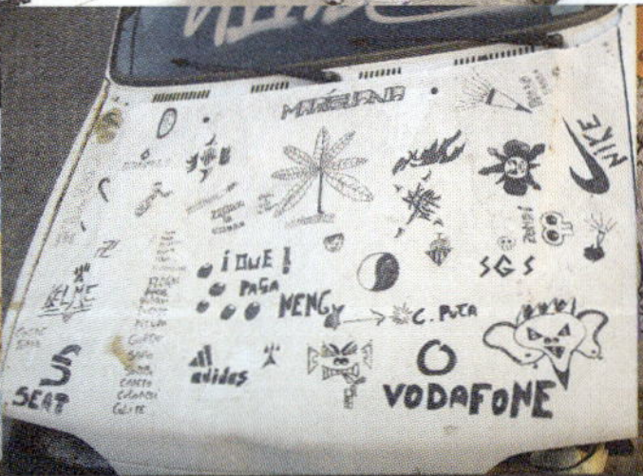
NIKE
SGS
adidas
SEAT
VODAFONE

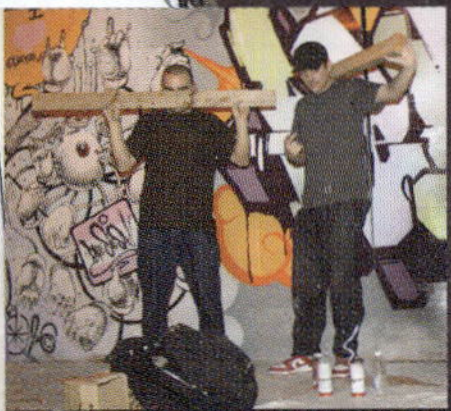

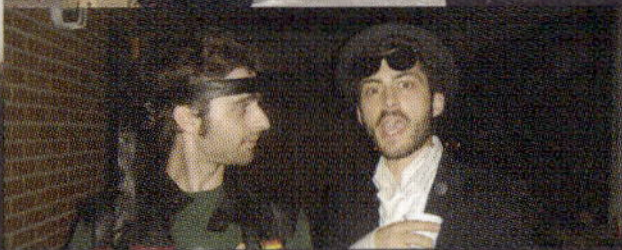

ara la terrassa... novembre. ...hort des... p...
...l'interior un... ta «Popular Uno», Segons la revis-...
...lois mostra... pa. ...mostra...
...de noms...
realistes, a... de Cadaqués.
...Dalí va...
..., quan entra, no de famosos
...ativament, fins i tot jo, ...mes Mason
...he voltat molt la pri- la model N
...rendre», explica Martina, ...una foto
...la casa, amb més... films i mira...
...ervint copes i sem... sica de for...
res rere...
...Martina s'afanya a re... ...mes la ge...
...minada n...
...matinada...
...canvi... ...els... les últim...
habituats de les...
El... que... des de fa 30 ma... noies es...
anys, és... una ...de sobre la
cova refrescant que... ...obre d'essa
cap a l'interior engolint deixar a
...client. Els bancs marque

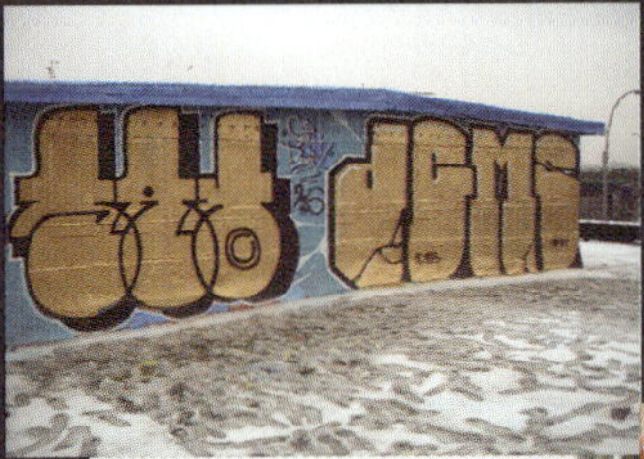

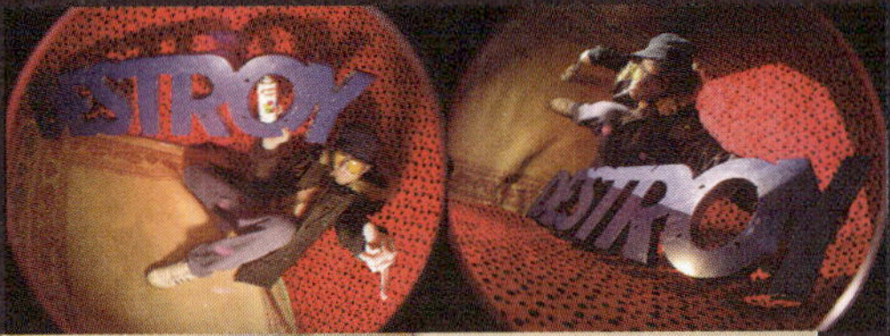

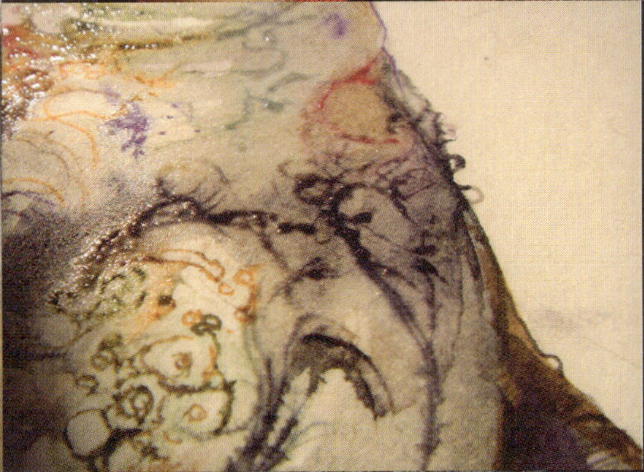

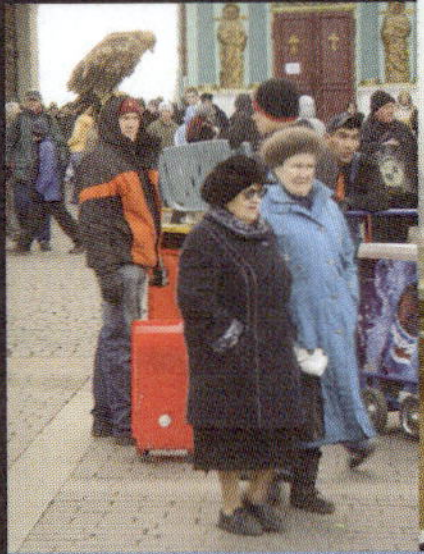

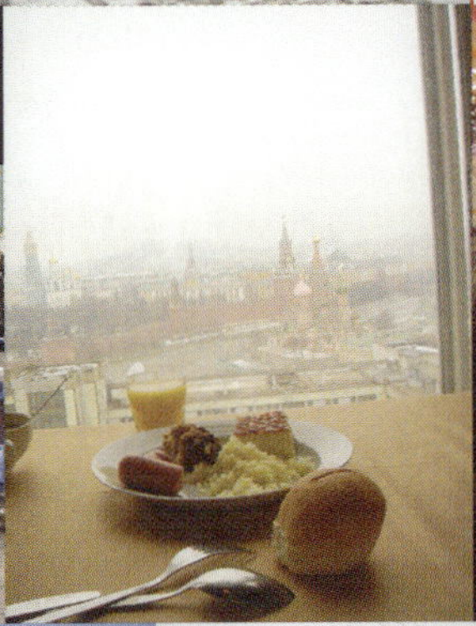

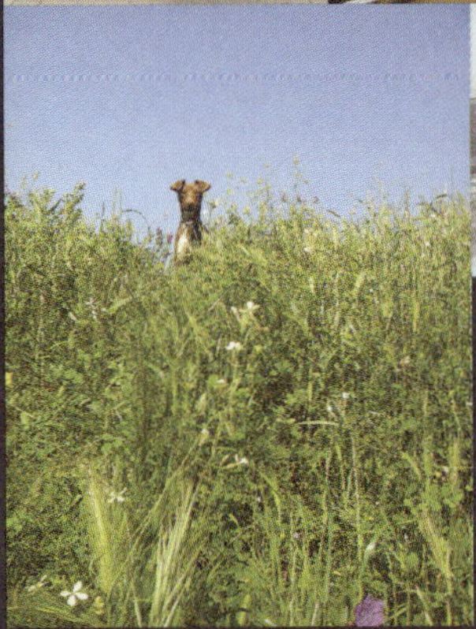

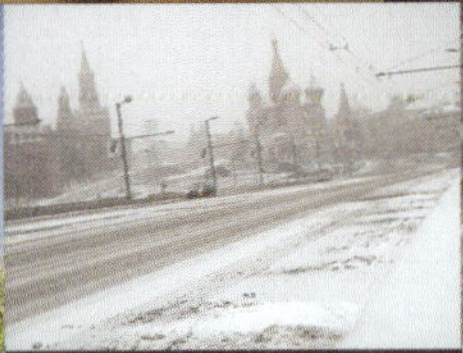

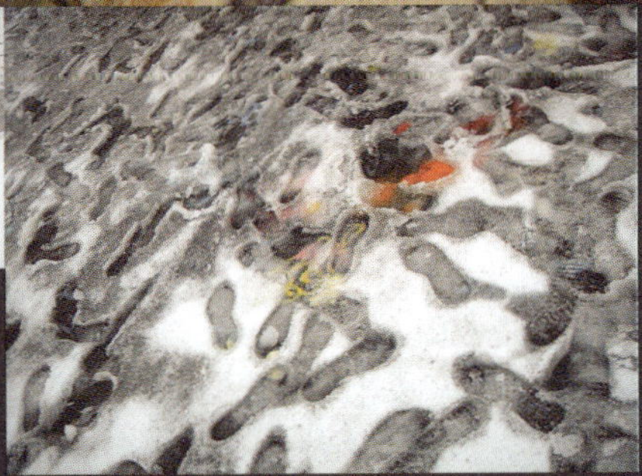

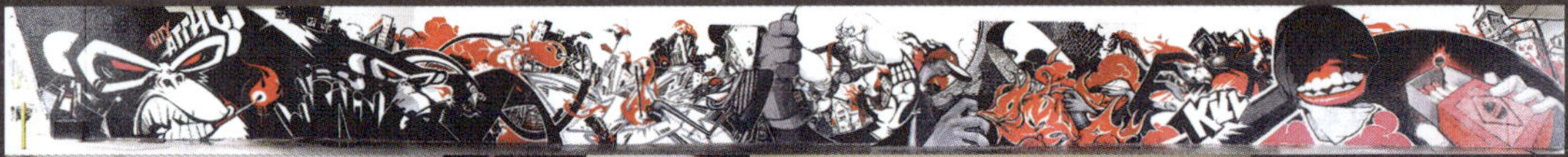
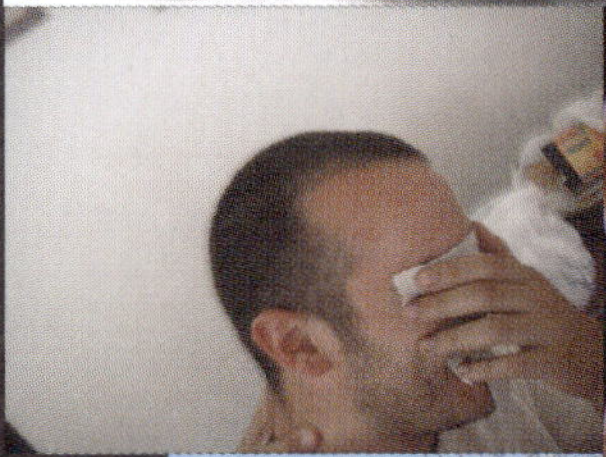
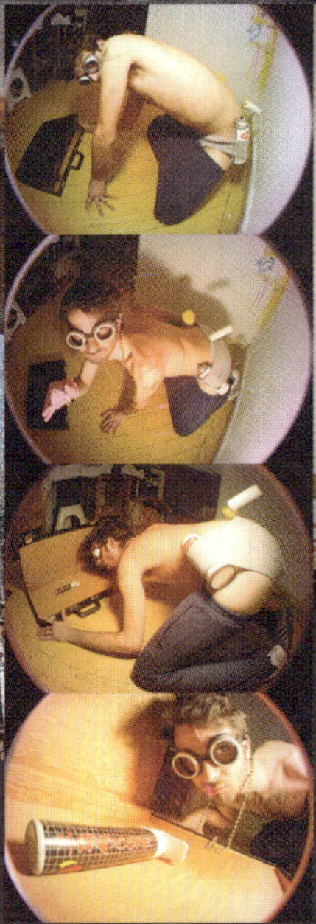
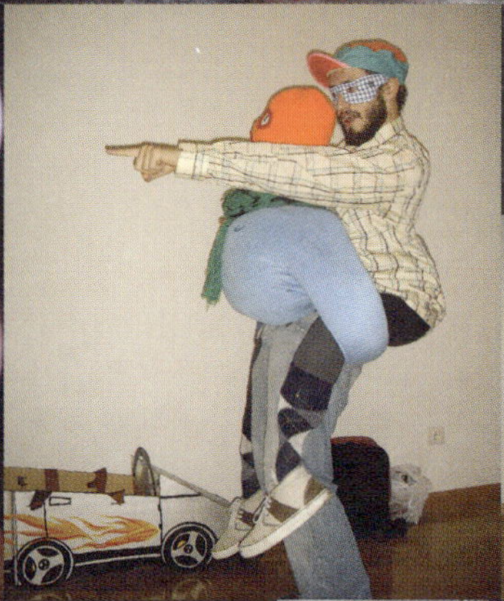
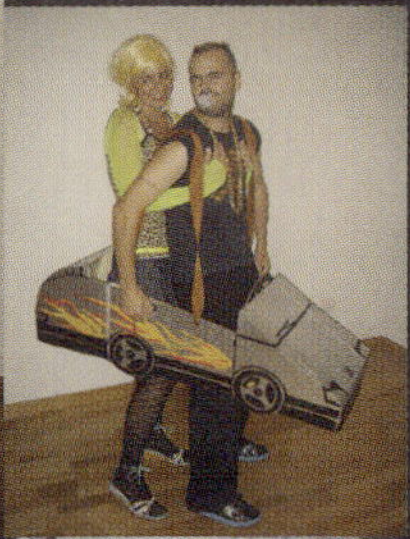
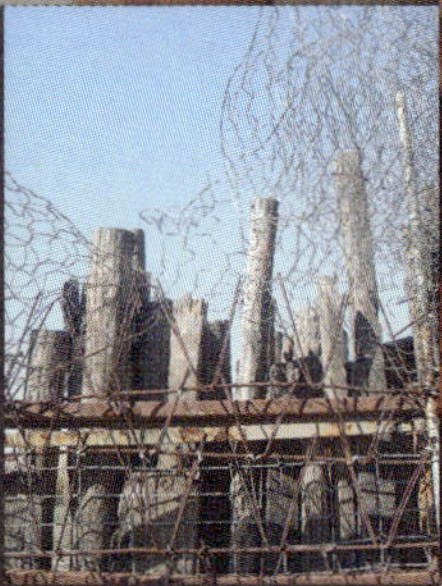
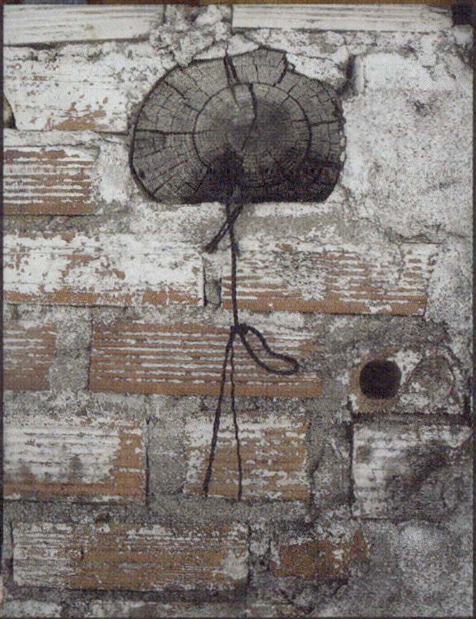
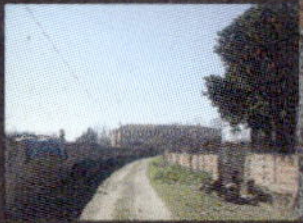

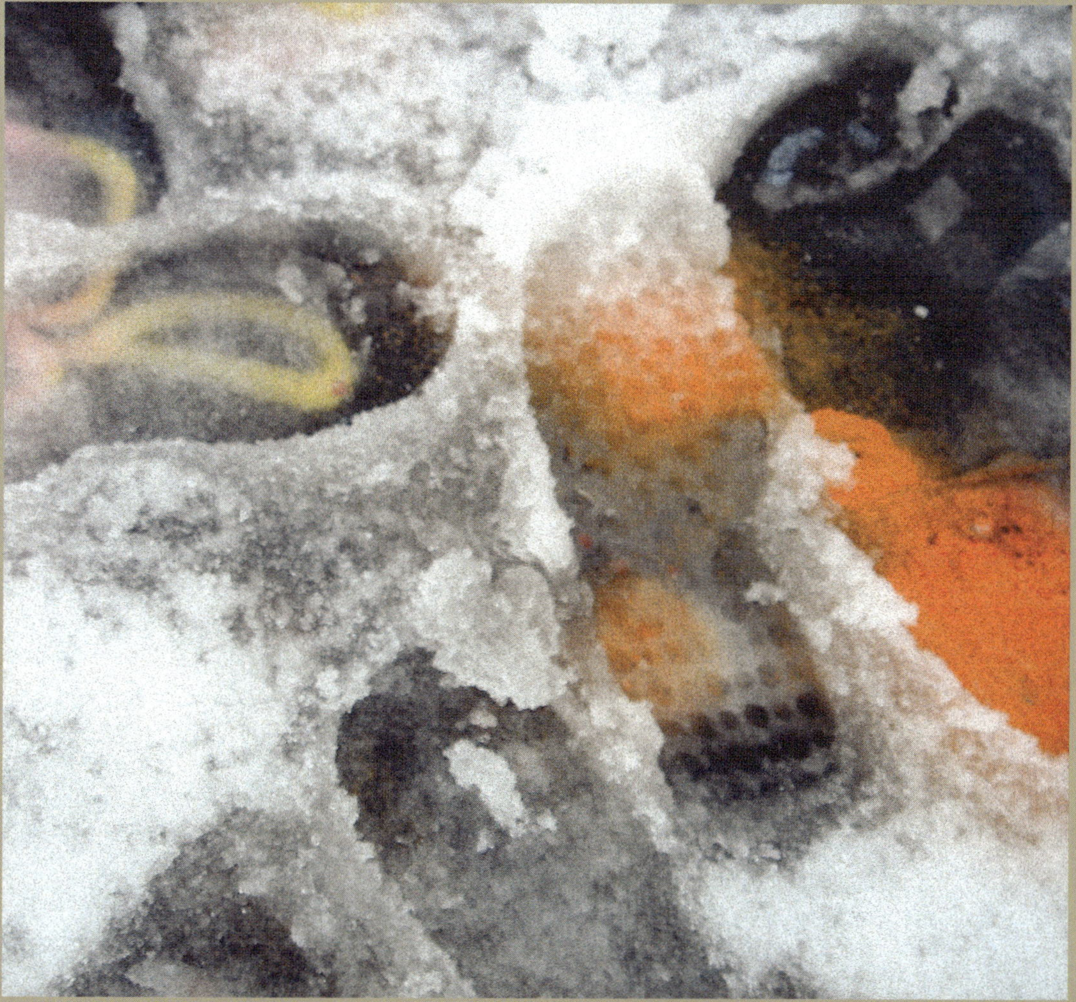

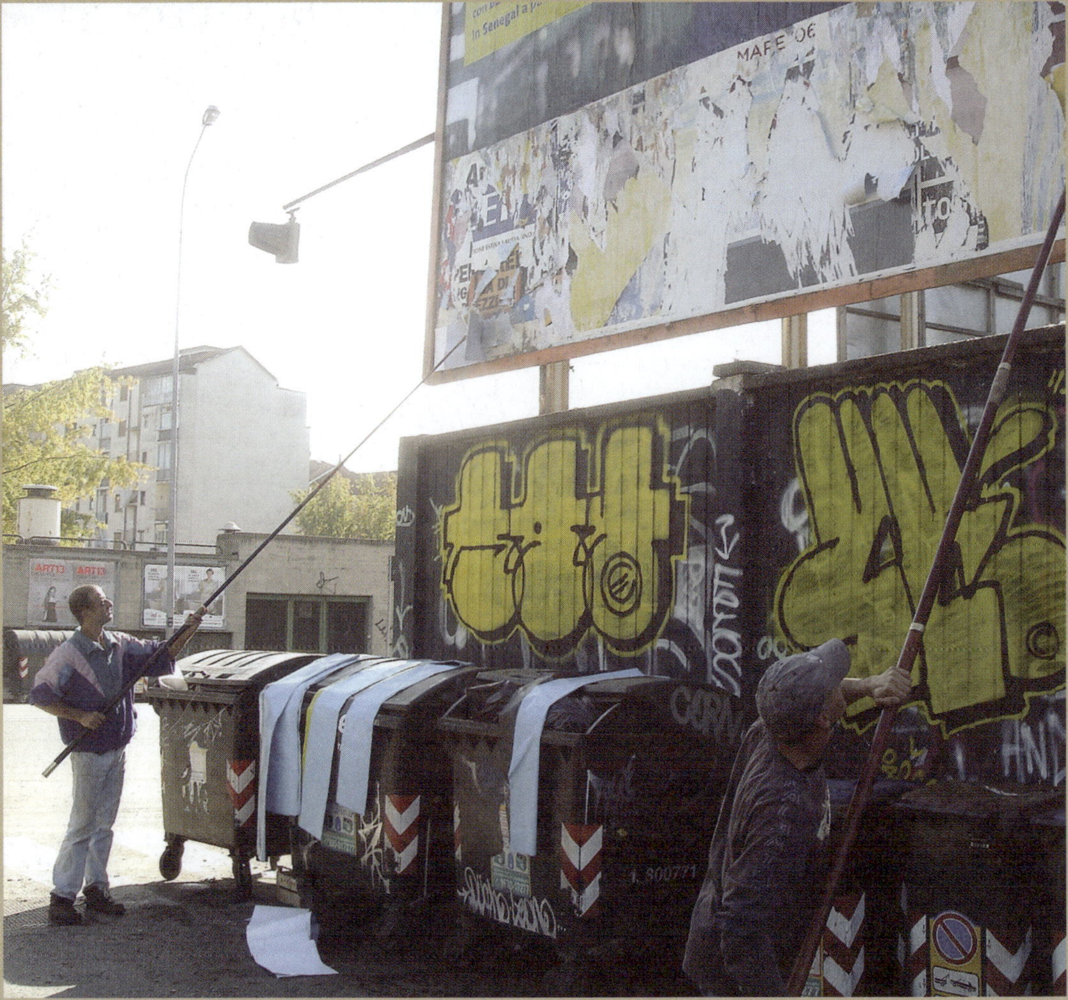
MAFE 06

CONTACTO
http://www.eseaene.com
mail: info@eseaene.com

AGRADECIMIENTOS
El contenido de este libro está dedicado a todas las personas que, de una manera u otra, han allanado mi camino dándome energía, para que yo pudiera darle forma.
Especialmente a Mamá, Papá y Víctor.
Al resto de mi familia, a mis amigos/as, y a todos los escritores con los que he compartido inolvidables momentos; vuestros nombres están escritos en tantos sitios.....Éste debe ser uno más.
Dr.Spok , Ok, Dems Vader, Flee, Chefo, Nomo ,Yiyo, Jipie, Óscar, Sinstar, Marka, Sonbaty, Hear1, Nano 4814, Nuria, El Tono, Espaun 256, Plural familia, Fátima, María, Marta, Anabel, Manu, Rafita,Use y Rubia, Mem, Setone, Em, Wisk, Shuk, Ash, End, Kans, Jasius Klei, Serk, Ek, Bosk, Kasta,Galafi, Rudi, H22, Silk, 121, May, mi pana Beto 156, Zeta, Sus033 y los Reyes del Mambo, Chop, Jes, al gran Nem, Morse, Mast, Kody, Sicme, Wase, Sehu ,Yogui, Koas, Brk 192, Dhemo, SG crew, Xbk, Secret, Sr. Rojo, Zant, Pirulo, Buba ,Martita pornostar, Evaow, Morodo, R Dick, Til, Besdo Garsía, Guos y Dona.,Mata33. A mi hermano Seleka Muñoz, Logan y los Qmj´s, Nowet, MariHé de Triana, Srg, Fafa, Lil´Joe, Eduardo Zumba, Bonim, Tina, Pescao, Ionni ,Yor, Doble Dibo ,Sex, Drew, Reti, Reno, Rose, ¡Mi hombre Fons!, Roys, Rosh, Cms, Aito, Hurt, Hanem, Drim, Escif, Sixe, Fasim, Dios, Musa, Kapi, Mookie, Sague, Skum, Mentos, Spit, Hosh. Al gran "Boss " Jordi Rubio, Albert, Olga ,Zosen, Kafre, Mis primos Sok y Ome, Saturno, Scawt, Hock ,Flan, Zona Norte Posse, XL crew, Erbe, Zoquete Joes, Dee, Jank, Drew, Lolis crew , Tiñas y Pelucas, Roty 340, Laguna, Sune, Skopeta, Cless, Sirek, Bleyk, Fres, Kraser, Madrid Vandals. A Pablo & Javier Iglesias, por interesarse por mi trabajo y querer mostrarlo.
Serie B Underground Shit!, Zona Bruta team, Guateque All Stars, Subaquatica. Carhartt family.
A mi amigo Sat One, Ogre, Dran, Reso, Blu, Maclaim crew, Toast, Scien & Klor, Stuka , Jaba, Besok, Rookie, Erosie, Sen2 y Lisa, Ces, Martha Cooper, Herbert Baglione, Pun18, Dwek, Sofía y demás panas en Puerto Rico (volveré pronto....)

BELIO MAGAZINE

Belio is the name of a creature with different arms into the art & culture scene, could it be urban art, design, electronic music, illustration, video, performance, whatever... Trying to support the new and innovate expressions from young artists, since our different projects and names as Belio Magazine, deciBelio Festival, GeeOhDee, Die Young Collection, Energías Renovadas, Monztaaah!, and so many more names and concepts that we will develope. We are waiting to hear from new artists in any field, to join us! and keep creating our "kulture"...
YOU ARE WELCOME!

CONTACT US:
:: info@beliomagazine.com ::
:: info@decibelio.org ::

VISIT OUR SITES:
http://www.beliomagazine.com
http://www.geeohdee.com
http://www.decibelio.org

AND ALSO FIND US IN:
http://www.youtube.com/user/beliomagazine
http://www.youtube.com/user/decibeliofest
http://www.myspace.com/beliomagazine
http://www.myspace.com/decibeliofest
http://decibelio.livejournal.com